HENRY GAUTHIER-VILLARS

L'Odyssée d'un Petit Cévenol

Illustrations de
J. GEOFFROY

PARIS
A. HENNUYER
Editeur

4° Y²
5679

L'ODYSSÉE
D'UN
PETIT CÉVENOL

L'ODYSSÉE

D'UN

PETIT CÉVENOL

PAR

HENRY GAUTHIER-VILLARS

ILLUSTRATIONS DE J. GEOFFROY

PARIS
BIBLIOTHÈQUE NOUVELLE DE LA JEUNESSE
A. HENNUYER, IMPRIMEUR-ÉDITEUR
47, RUE LAFFITTE, 47

1901

Droits de reproduction et de traduction réservés.

A MON CHER PETIT GARÇON

JACQUES GAUTHIER-VILLARS

Je te dédie, mon cher Jacques, cette histoire d'un petit Cévenol qui sut lutter contre l'adversité d'un cœur résolu. Imite-le. Certes, j'espère fermement que tu ne rencontreras point autant de traverses que ce garçonnet — en particulier, je souhaite, pour plusieurs raisons, que tu deviennes orphelin le plus tard possible — ; mais, ne t'y trompe pas, partout, dans la vie, tu trouveras des obstacles à surmonter. Il y faut du courage et de la persévérance.

Tu en auras, mon cher petit, tu sauras combattre le destin contraire avec l'endurance et, s'il se peut par surcroît, avec la bonne humeur d'un garçon solide, « bien armé pour la vie », n'est-ce pas?

HENRY G.-V.

L'ODYSSÉE D'UN PETIT CÉVENOL

CHAPITRE PREMIER

LE PREMIER ANNIVERSAIRE.

Le soleil montait, planant déjà sur le village voisin de Bagard, et une rumeur de vie, un parfum de fleurs et de fruits rôdaient au-dessus de la terre, quand, ce matin de la mi-août, Maurice Magardès sortit de sa chambre, coiffé de paille et guêtré de cuir.

Certes, la journée s'annonçait ardente ; mais une double rangée de marronniers, plantés à intervalles égaux, levait vers le firmament trop radieux sa masse de verdure centenaire, et une fraîcheur très appréciable venait de la Gorgone, qui, à l'une des extrémités de la terrasse, du côté des écuries, vomissait par ses yeux, par ses narines et par sa bouche de jaspe, cinq filets d'une eau délicieusement fraîche, détournée de la montagne.

Du côté opposé à la fontaine, au levant, un banc de fonte était rivé au sol devant une table rustique, sous une tonnelle fleurie de jasmin grimpant, abri délicieux de rêverie et de repos, sinon de paresse ; une fenêtre, percée dans le treillage, regardait vers la plaine, et un flot de lumière entrait par cette ouverture embaumée, tournoyait sur le banc, inondait la table, ourlait d'or les clochettes roses et bleues des volubilis.

Maurice Magardès s'était introduit dans la tonnelle. Il abaissa un store de toile écrue sur la fenêtre ; ensuite, il s'assit en travers du banc.

— Holà, mes gens! appela-t-il.

Des moustaches en accent circonflexe, un nez camard, un œil trop saillant, l'autre œil vide dans une longue face rougeaude, se collèrent contre une haute grille, à l'entrée de la cour du château. Et une bouche trop fendue demanda :

— Monsieur Maurice?

— Lui-même.

— Alors, monsieur Maurice?

— Alors, fais que je déjeune, mon vieux Chaffre, et lâche Pompon, s'il te plaît.

Puis, la figure borgne ayant disparu, M. Maurice acheva de lacer ses guêtres. Un chien blanc et noir, moitié terre-neuve, moitié on ne sait quoi, vint bondir auprès de lui.

— Bonjour, Pompon!

Mais le chien jappait, sautait, s'élançait vers la cour, retournait dans la tonnelle, jetait en l'air une casquette bizarre, une vieille casquette qui de loin ressemblait à un lapin, et la rattrapait, et la faisait voler de nouveau, et la déchirait à coups de belles dents blanches.

Bientôt, Chaffre reparut, plus rougeaud encore que tout à l'heure, s'essoufflant à la poursuite de Pompon, furieux, navré et, pleurnichant, son œil gauche, son seul œil bon, tourné vers Magardès :

— Monsieur Maurice !

— Mon vieux Chaffre?

— Monsieur Maurice!
— Eh bien, quoi?
— Eh bien donc, Pompon!... C'est ma casquette de loutre, monsieur Maurice, c'est ma belle loutre qu'il périt!

C'est ma belle loutre qu'il périt!

Magardès sourit, indulgent à son favori; d'ailleurs, il connaissait depuis quinze ans l'affreux couvre-chef que la victime du chien appelait *ma belle loutre*.

— Tu exagères, mon garçon.
— Moi, j'exagère?

Pompon, qui se savait tout permis et dont on ne comptait plus les fredaines, s'était un moment arrêté, guignant Chaffre en dessous, la peau de loutre entre les crocs. Tout à coup, il repartit, acharné contre elle.

— Ma belle loutre! gémit le propriétaire de la casquette, d'une voix lamentable.

Et le chien la roulait, l'épilait, la lâchait, se ruait derechef, éventrant la coiffe. D'un dernier coup de gueule, il la lança dans la vasque de la fontaine.

Chaffre reprit avec amertume :

— Tout de même, monsieur Maurice, ce n'est pas moi qui « exagère », je crois.

— Et qui est-ce? fit Magardès en riant de bon cœur.

— Eh bien donc, Pompon, il me semble ! Non seulement il a péri ma belle loutre, mais encore il me l'a noyée.

Cependant, Achilesse, la sœur de Chaffre, apportait le déjeuner sur un large plateau de cuivre peinturé d'ocre jaune et de vermillon.

— Monsieur, nous sommes votre servante, peuchère !

Elle s'était inclinée très bas devant M. Maurice, et, en prononçant son *peuchère* (un mot qui n'a pas de sens bien précis et qui signifie tantôt: « hélas! » ; tantôt: « que c'est beau! »; tantôt: « quel bonheur! »), elle étendit sur les genoux du maître une petite serviette damassée. Lente et grave, elle versa le café dans le grand bol, ensuite la crème. Elle répéta :

— Votre servante, peuchère !

Alors, elle compta quatre morceaux de sucre, et, maniérée, saluant des doigts d'un geste familier, elle articula pour la troisième fois :

— Peuchère !

Elle était, cette Achilesse, une courte personne, maigre et pâlotte, sans âge déterminé, aux cheveux ni blonds, ni bruns, ni blancs, aux yeux ronds de chatte futée, au nez camus, aux lèvres minces comme un double fil de lin. Vêtue de noir à la façon des paysannes veuves, la tête et le cou nus quelque temps qu'il fît, elle allait, venait, se penchait, se dressait, souple, jamais lasse, ni plus pâle, ni plus maigre, ni plus ridée, telle qu'il y avait vingt-cinq, trente ans. Ayant vu naître M. Maurice, elle se plaisait à le lui dire. Elle lui prodiguait des prévenances continues, d'infinies tendresses maternelles, et se plaignait sans cesse qu'il fût toujours satisfait du service; que même, la plupart du temps, il daignât se servir tout seul; car, volontiers, elle lui eût bourré sa pipe, installé son lorgnon sur le nez et chassé la mouche qui le chatouillait. Et, le couvant des yeux, elle ne tarissait pas de paroles aussi vaines qu'affectueuses.

— Monsieur mange sans appétit, ce matin... Monsieur n'a pas mal à la tête?... Au moins, monsieur, ce n'est pas mal à l'estomac que vous auriez?

Et chaque petite phrase se terminait par un immanquable *peuchère*.

Maurice Magardès, à califourchon sur le banc, l'air joyeux, déjeunait en silence. Le borgne, debout près de lui, lui confectionnait des tartines beurrées, le front renfrogné, maugréant contre Pompon qui venait de repêcher la fameuse casquette et la ballottait de plus belle, de la Gorgone à la tonnelle, et réciproquement, sans se rassasier.

— Tout de même, c'est ma loutre neuve qu'il mange!... Non

seulement il me l'a périe et puis il me l'a noyée, mais encore il me la mange.

— Le maître finit par dire au vieux Chaffre, ironiquement :

— Il a raison, ce chien, il t'oblige.

— Il m'oblige ?... Ma belle loutre !

— Elle te tenait trop chaud, ta « belle » loutre !

— Tout de même, reprit Chaffre, elle m'avait coûté deux écus à la foire d'Alais-du-Gard, vrai comme les arbres sont des arbres et comme la pluie est de l'eau.

— Je te rendrai tes deux écus, dit Magardès.

Chaffre sembla faire un violent effort de mémoire et, d'une voix pateline, il insinua :

— En me souvenant bien, monsieur Maurice, elle m'a coûté trois écus, il me semble.

Aussitôt Achilesse confirma :

— En effet, Chaffre, peuchère ! tu m'avais dit trois écus.

Maurice Magardès éclata de rire, et, se tournant vers le borgne, dont, certes, il n'était pas la dupe :

— Je te rendrai tes trois écus.

Il alluma sa grosse pipe en merisier ; puis, appuyant un coude sur le rebord de la fenêtre, le rideau maintenant relevé, il s'absorba dans l'admiration du paysage.

Lors, ayant ramassé la casquette que Pompon avait enfin lâchée, épilée, aplatie, sans ruban, Achilesse pesa sur le bras de son frère. A voix basse, elle lui dit sentencieusement :

— Elle pourra encore faire de l'usage, cette loutre, peuchère !

— Oui, il me semble, souffla Chaffre à l'oreille de sa sœur, l'air complètement rasséréné.

Et ils s'en allèrent.

En contre-bas de la terrasse et séparé d'elle par un massif de maçonnerie surmonté de balustres, un jardin resplendissait de verdure et de fleurs. Deux allées en forme de croix le divisaient en parallélogrammes presque égaux, l'une d'elles commençant au bas d'un large escalier par lequel on montait au château, l'autre bornée à ses deux bouts par de hautes murailles crénelées. Au-dessous de ce jardin s'étendait un second jardin, potager celui-là, et dont la vue était masquée par une haie de buis énormes. Ensuite, une prairie déclive, une oliveraie, des vignobles; enfin, la grande plaine.

Maurice Magardès chérissait passionnément ce paysage; sans lassitude, il contemplait avec amour cette brune terre cévenole d'où jaillissent des arbres puissants et des eaux fraîches qui bruissent. En vain, avec les saisons, la parure du sol changeait; que ce fût un décor illuminé de soleil ou enlinceulé de neige, un aspect de moisson ou de vendange, les yeux de Maurice s'extasiaient, se réjouissaient, le matin, l'après-midi, le soir.

— Peuchère! constatait Achilesse, M. Maurice n'est pas difficile! Il s'amuse avec rien, avec une rivière, avec une montagne, avec le ciel...

Mais Chaffre rétorquait :

— Le ciel, c'est déjà bien quelque chose, je trouve.

Riche, bon, généreux, Maurice Magardès ne comptait que des amitiés dans le pays où son inclination à la rêverie, la coupe originale de ses vêtements et l'arrangement de ses longs cheveux bouclés lui créaient, à peu de frais, une réputation d'artiste. Sans mériter ce nom, il avait mis à profit un séjour de quelques années à Paris pour y étudier la peinture dans l'atelier d'Auguste Boulard. Rappelé brusquement en pays cévenol par la mort de son père, il n'avait plus quitté ce château des Nonnains qu'il possédait de moitié avec son frère aîné Jean-Paul. Bien qu'ils n'eussent ni les mêmes qualités innées, ni les mêmes goûts, Jean-Paul et Maurice vivaient ensemble.

Ils n'étaient pas les seuls hôtes du château. Voilà vingt-cinq mois, en effet, Maurice Magardès avait épousé Mlle Berthe Donadieu, une orpheline belle et douce, intelligente et instruite, mais sans dot; et, de cette union, Jacques, un joli petit garçon potelé, rose, était né, il y avait ce matin un an, jour pour jour.

Or, tandis qu'accoudé à la fenêtre de la tonnelle, Maurice Magardès s'émerveillait des splendeurs du paysage, il aperçut tout à coup dans le lointain un gros de paysans allègres et enrubannés. La petite troupe s'avançait dans la direction des Nonnains, et elle eut bientôt gravi le sentier, bordé d'aloès, de romarins et de cactus, qui montait jusqu'à la tonnelle.

Les paysans portaient des galoubets et des tambourins. Ayant salué M. Magardès, ils lui demandèrent longuement des nouvelles de sa santé. Puis, l'un d'entre eux, le plus âgé et, à en juger par le nombre et la longueur des rubans de sa boutonnière, le meneur de la troupe, interrogea avec un sourire mystérieux :

— Et alors, monsieur Maurice, le jeune monsieur Jacques est encore dans ses appartements?

Et, sur une réponse affirmative du papa de ce « jeune monsieur » :

— Allons, en avant, par ici, signifia le chef à ses hommes qui le suivirent solennellement jusqu'à l'aile droite du château et se placèrent en demi-cercle sous une fenêtre encadrée d'aristoloches et de viornes.

Il y eut un instant de silence.

— *L'Aubade de Magali,* commanda tout à coup le meneur. Une, deusse. Zou !

Les tambourins et les galoubets retentirent.

Les paysans soufflaient avec vigueur, agitaient frénétiquement leur baguette; et, levant, baissant le pied droit, ils marquaient la mesure.

Chaffre, Achilesse et un petit valet de ferme nommé Luiset sortirent de la cour, cependant que Pompon, qui, lui aussi, aimait beaucoup la musique, tournait et dansait en jappant de joie.

Les galoubets et les tambourins se turent. Mais, après un nouveau silence :

— *La Marche de Bagard.* Une, deusse. Zou ! cria le meneur à pleine gorge.

Et Pompon s'accorda le plaisir de recommencer à japper en dansant aux sons des longs tambours et des flûtes à trois trous.

La marche terminée, le meneur éleva encore une fois sa voix puissante :

— C'est en l'honneur du premier anniversaire de monsieur Jacques Magardès, proclama-t-il, que cette aubade et cette marche ont été exécutées par la musique de Bagard.

Agitant leurs instruments, tous les tambourinaires s'écrièrent en chœur et à trois reprises :

— Vive monsieur Jacques Magardès ! Vive monsieur Jacques Magardès ! Vive monsieur Jacques Magardès !

En même temps, la porte du salon d'honneur s'ouvrit toute grande, et une superbe fille, vêtue à la manière des Arlésiennes, parut sur le seuil lumineux : c'était Jeanne-Marie, la nourrice de Jacques; et elle portait, dans ses bras dorés par le hâle et nus jusqu'à l'épaule, son nourrisson dont la tête rose et souriante et les menottes potelées émergeaient seules d'un flot de tissus légers, de dentelles et de ganses. Derrière Jeanne-Marie s'avançait Mme Berthe, la maman. Et M. Jean-Paul Magardès marchait derrière sa belle-sœur.

Le meneur s'exclama avec un geste large :

— Vive toute la famille !

Alors, Maurice Magardès ayant remercié les tambourinaires pour leur gracieuse aubade et pour leurs vivats cordiaux, les invita à entrer dans le salon d'honneur, où Chaffre et Achilesse servirent à toute la troupe des gâteaux secs, des fruits et plusieurs bouteilles de ce vin mousseux et doux dont les paysans des basses Cévennes sont très friands et qu'ils appellent de la *blanquette*.

A chaque bouteille que l'on débouchait, le meneur portait la santé du petit garçon qui, gazouillant sur les bras de sa nourrice, assistait radieux à cette beuverie, et qui, s'il ne se doutait guère que l'on trinquait en son honneur, s'égayait du moins des gesticulations des tambourinaires et du flottement multicolore de leurs rubans.

Il finit par le jeter aux pieds de la nourrice surprise.

LE PREMIER ANNIVERSAIRE. 13

Personne ne toucha aux fruits. Là-bas, tous les paysans en ont dans leurs clos; et les bons Cévenols ont avec la plupart des hommes ceci de commun, qu'ils n'apprécient bien que ce qui leur manque; c'est pourquoi les tambourinaires mangèrent tous les gâteaux secs. Puis, quand ils eurent tari la dernière bouteille de blanquette, ils défilèrent devant Jeanne-Marie, la félicitant sur sa complexion robuste et sur la bonne grâce de son vêtement arlésien. Sur la terrasse, ils se mirent en rang, et,

Jacques riait, agitant la fleur dans sa petite main à fossettes.

au signal du meneur, ils partirent du pied gauche, soufflant fort dans les galoubets et battant dru les tambourins. Ils marchaient vite et se perdirent bientôt dans l'éloignement; mais ils étaient déjà disparus qu'on les entendait encore.

Luiset, le petit valet de ferme, était descendu au jardin. Il en revint avec une grande brassée de pivoines, de pieds-d'alouette, d'œillets, de pavots et de roses. Son intention évidente était d'offrir toutes ces fleurs au bébé dont on célébrait la fête ; mais lorsque le pauvre Luiset se fut approché de Jeanne-Marie, il ne sut comment présenter son immense fardeau fleuri, ni où le mettre. Rouge et tremblant d'émotion, il finit par le jeter aux pieds de la nourrice surprise.

— Voilà pour monsieur Jacques, bredouilla-t-il.

Et il s'éloigna à toutes jambes.

Or, Maurice Magardès ramassa une fleurette et la mit dans la menotte de son fils. Ensuite, il passa une longue chaîne d'or autour du cou de la nourrice; et il prit l'enfant dans ses bras. Il le balançait doucement et l'élevait vers le soleil. Et Jacques riait, amusé, vivace, agitant la fleur dans sa petite main à fossettes.

— Peuchère! dit Achilesse, afin de manifester sans doute son profond émerveillement... Ah! peuchère de peuchère!

CHAPITRE II

OU LE HÉROS DE CE ROMAN FAILLIT CAUSER LA MORT D'UN HOMME.

Il y avait près de trois siècles que les Nonnains appartenaient aux Magardès. Ancien couvent — déserté on ignorait quand, pourquoi, et par quelle congrégation — ils avaient été achetés par un Étienne Magardès, qui, riche autant qu'extravagant, s'était fait construire sur les ruines de la vieille maison religieuse une demeure colossale, sans aises, sans agréments, sans style, insolente comme une forteresse. Toutefois, perchés au haut d'un mamelon, commandant les villages de Bagard, d'Autefille et de Malepierre, avec toute la plaine qui s'étend d'Alais à Sainte-Croix-d'Emblave, les Nonnains avaient assez grand air, et, jusqu'aux monts du Gévaudan, on en parlait comme d'un des plus *imposants* châteaux du pays.

Imposants ou non, les Nonnains étaient restés peu confortables et rébarbatifs, si l'on peut dire, jusqu'au jour où Jean-Paul et Maurice Magardès en héritèrent. Ce dernier (le père du petit Jacques) résolut de les rendre gais et charmants.

— Soit, lui dit tout de suite son frère aîné, agis à ta fantaisie ; je ne suis pas contrariant, tu le sais, et te laisse libre de mander autant de maçons, de charpentiers, de tapissiers même, qu'il te plaît. Mais, au cas où tu l'ignorerais, je dois te prévenir, mon cher Maurice, que la tapisserie, la charpente et le maçonnage coûtent cher. Et je dois aussi te prévenir que, tel qu'il est, le château me suffit. Si donc tu le transformes, si tu l'embellis, c'est pour toi, pour ta seule satisfaction. En conséquence, comme de juste, mon cadet, tu pourvoiras tout seul à la dépense.

— Oui, mon aîné, c'est entendu, avait accepté Maurice.

Et tout un bataillon d'artisans, de manœuvres, s'était rué sur les Nonnains.

On scinda les salles trop spacieuses, on perça des cheminées, on changea des fenêtres de place, on élargit des portes, on couvrit les murs de boiseries, on amena l'eau dans les chambres, on remplaça par des tuiles peintes les vieilles ardoises du toit. Les marronniers de la terrasse, qui avaient si longtemps crû à l'abandon, comme des enfants sales et mal peignés, les marronniers à thyrses blancs, les marronniers à thyrses rouges furent grattés, tondus, passés au lait de chaux; les allées furent sablées, on ouvrit des chemins creux aux abords de la demeure, à travers les chênaies et les châtaigneraies épaisses. Alors, le jardin métamorphosé s'éveilla dans le bruit clair des pièces d'eau, dans le parfum des plantes rares. Et ainsi appropriés, enjolivés, rajeunis, les Nonnains devinrent une habitation pittoresque et délicieuse.

Vis-à-vis de la grille de la cour, un escalier large, en marbre olivâtre, descendait au jardin. A droite, la terrasse tournait angulairement, la tonnelle au fond de l'angle; ensuite, longeant les murs du château, elle plongeait dans un bosquet escarpé, planté d'ifs, de pins et de beaux mélèzes au bois incorruptible. Des terres avaient été rapportées, et, au bas de cette sorte de rempart revêtu de pierres résistantes, entre deux contreforts, le tronc d'un chêne blanc, demeuré seul d'une forêt ancienne, s'élançait, énorme, trois ou quatre fois centenaire, heurtant de ses branches demesurées les gargouilles des Nonnains. Une douzaine de marches de granit, abruptes, éventraient le rempart, à quelques pas de la tonnelle; et le sentier bordé d'aloès, de romarins et de cactus, zigzaguait à travers une série d'assises jusqu'à un ruisseau — le Valatblu — dont l'eau limpide et vive coulait vers le Gardon.

A gauche, la Gorgone, le logement des fermiers, les écuries. Un chemin carrossable, en pente rapide, s'allongeait dans le sens de la façade, puis, faisant un coude brusque, allait rejoindre la grande route. On nommait ce chemin *la Grandraille;* et ce fut par la Grandraille qu'arriva un matin, comme tous les matins, vers les dix ou onze heures, le maigre et long, le très maigre et très long facteur Jossambouriquette.

En outre qu'il était très maigre, en outre qu'il était très long, encore plus long que son nom, le facteur Jossambouriquette était très hirsute, très laid, et possédait un de ces nez comme on n'en avait jamais vu en pays cévenol, mais qui, au dire de Maurice Magardès, ressemblait, en plus gros, en plus courbé, en plus insolite, au nez illustre et fantastique de Cyrano de Bergerac. Jossambouriquette nasillait; c'était bien le moins avec un pareil nez!

— Salut, monsieur Maurice et la compagnie, nasilla-t-il donc, en se pliant en deux pour entrer dans la tonnelle où le petit Jacques, remuant et bruyant, jouait avec son père et ce sacripant de Pompon.

Certes, le petit Jacques était encore le petit Jacques. Néanmoins, il avait grandi, beaucoup grandi, depuis le jour de son premier anniversaire. Il était à présent aussi haut qu'une botte, qu'une grande botte, qu'une de ces belles bottes à chaudron que l'on portait au temps du grand roi. Et comme une botte, il marchait, il courait, le petit Jacques. Dieu me pardonne, il marchait et courait sans l'aide de personne, ce que les bottes ne font pas.

Dame! s'il n'avait pas trois ans, il s'en fallait de peu : on était en juin et, à la mi-août prochaine, Jacques aurait tout à fait trois ans.

En même temps que de la taille, il lui était venu de la vanité. Qui sait? S'il avait tant grandi, c'était afin de tenir plus de place, afin qu'on le remarquât mieux. Et c'était aussi sans doute pour attirer l'attention qu'il répandait tout autour de lui un tapage qui eût couvert le roulement de vingt tambours.

Tout le monde trouvait cela parfait, admirable.

— Il en a une vie, il en a une santé, ce M. Jacques, disait Chaffre, sa voix sonne tellement que l'on croirait qu'il est en métal, en cuivre, quoi! comme un trombone.

Et Achilesse disait :

— Je ne sais pas si c'est un trombone, peuchère! Mais, pour un enfant agréable et beau, c'en est un. On peut chercher jusqu'à Nîmes, peuchère! Il n'y a pas plus agréable et beau.

Alors, l'Arlésienne, la superbe nourrice devenue maintenant gouvernante, Jeanne-Marie, croisait les bras et affirmait d'un accent lent et mélodieux :

— C'est le bon air, c'est le bon soleil, c'est aussi le bon lait qui veut ça. Sans me vanter, je puis dire que ça fait le troisième enfant que je nourris; tous m'ont donné de la satisfaction, mais des trois, c'est encore monsieur Jacques qui me fait le plus d'honneur. Si j'étais de vous, monsieur Maurice, quand il aura dix-huit ans...

Elle s'interrompait, hochant la tête avec une conviction sincère.

— Eh bien, Jeanne-Marie, que ferais-tu? demandait le père de Jacques.

— Je le mettrais dans l'artillerie.

Mais Chaffre intervenait :

— Pour moi, je préférerais spahi. Le manteau rouge lui irait mieux, je trouve.

Et l'Arlésienne, lentement :

— Voyons, vous n'y pensez pas. Pour être spahi, il faut s'en aller en Afrique, et c'est loin, ce pays-là! D'ailleurs, à être spahi, il vaudrait au moins autant que M. Jacques soit zouave.

— Hé! laissez-le faire, peuchère! concluait assez sagement Achilesse. Quand il sera en âge de servir, il saura mieux que nous choisir ce qu'il lui faut, comme fourniment et comme costume, peuchère!

Or, en attendant l'heure de choisir un uniforme de soldat, en attendant d'apprendre à obéir, M. Jacques, ivre de joie de vivre, plein de vigueur turbulente et d'orgueil tumultueux, régnait, du haut de ses trois ans, sur tout le monde, dictait la loi, même à Pompon.

Oui, ce mauvais sujet de chien qui, malin comme un vieux singe, semblait n'avoir été mis au monde que pour jouer de vilains tours, Pompon se pliait aux moindres caprices de son jeune maître avec une douceur et une patience incomparables. Un geste de l'enfant, et le chien, comprenant le désir ou l'ordre, obéissait aussitôt, heureux et flatté d'obéir.

Or donc, ce beau matin de juin, vers les onze heures, Maurice Magardès, assis dans la tonnelle, présidait aux jeux turbulents de son fils Jacques avec le chien Pompon, lorsque le facteur Jossambouriquette apparut, courbé, nasillant :

— Salut, monsieur Maurice et toute la compagnie.

— Bonjour, Jossambouriquette, tu as quelque chose pour moi?

— Les gazettes.

— Donne.

Comme le facteur, s'approchant de M. Maurice, lui tendait les journaux, Jacques, que cette voix bizarre et ce nez extraordinaire avaient commencé à émouvoir (c'était la première fois qu'il apercevait le bonhomme), se mit à pousser les hauts cris.

— Eh bien, té, monsieur Maurice, nasilla Jossambouriquette, qu'est-ce qu'il a monsieur votre enfant?

A quoi le père répondit :

— Tu l'as effrayé, va-t'en vite!

Mais le facteur ne s'en allait pas.

— Comment voulez-vous que je l'aie effrayé? nasilla-t-il. Qu'est-ce que j'ai fait pour l'effrayer? Je crois plutôt qu'une guêpe, qu'une abeille, qu'un moustique...

— Va-t'en, Jossambouriquette!

Ah bien, oui, s'en aller! Le facteur se trouvait bien là; et le grand bavard se préoccupait de chercher des noms d'insectes :

— ... qu'une araignée, qu'une puce, qu'un taon, qu'un perce-oreille, qu'une fourmi rouge, qu'une punaise...
— Va-t'en donc, Jossambouriquette !
— Je crois plutôt, monsieur Maurice, qu'un scorpion l'aura piqué.

Jacques se mit à pousser les hauts cris.

L'effroi, la colère, les cris de Jacques, augmentaient à chaque parole inutile, à chaque nasillement du facteur. Et, tandis que Pompon, couché mais prêt à bondir, promenait des regards, tantôt pleins d'amour, tantôt chargés de haine, de l'enfant à Jossambouriquette et de Jossambouriquette à l'enfant, ce dernier se renversa dans un accès de fureur et de rage, et son petit visage devint rouge, puis cramoisi, puis violacé, comme s'il allait étouffer.

Inquiet, Maurice Magardès se pencha vers son fils, le prit sur sa poitrine, le soutenant avec son bras droit; et, énervé, il allongea son bras gauche vers le facteur qu'il saisit par une épaule, et qu'il repoussa violemment.

— Va-t'en donc, animal!

Cette fois, Jossambouriquette s'en allait. Mais, hélas, trop tard. Avide de faire expier à ce trouble-fête tout le mal dont il le jugeait cause, et profitant de ce que M. Maurice avait l'esprit appliqué uniquement à calmer le petit Jacques, le sacripant de Pompon s'élança hors de la tonnelle; et en deux bonds, rejoignant le facteur, il lui sauta haut et net à la gorge.

— Ah! Jésus et Notre-Dame! jura Jossambouriquette en un nasillement épouvanté. Ah! je crois que je suis mort!

Toutefois, il avait jusque-là beaucoup plus de peur que de mal. Tout juste les dents du chien lui avaient labouré l'épiderme, et c'est à peine si quelques gouttelettes de sang coulèrent sur sa blouse bleue. Or, quand on est attaqué par un chien, on ne doit jamais fuir. Et, malheureusement, Jossambouriquette affolé s'enfuit de toutes ses longues jambes. Pas assez longues, vraiment! Pompon les eut vite atteintes, et, chose à prévoir, il les atteignit avec ses crocs.

— Ah! Jésus et Notre-Dame! cria de nouveau Jossambouriquette éperdu. Ah! cette fois, je suis bien mort!

Le fait est que, cette fois, Pompon avait mordu d'une façon profonde. Cette fois, le sang de Jossambouriquette jaillissait pour tout de bon; et le pauvre homme, livide de terreur, se

Ah! cette fois, je suis bien mort!

laissa choir, pour comble d'infortune, sur une touffe de cactus dont les tiges, hérissées d'épines, l'égratignèrent cruellement aux flancs, au dos et à la nuque. Alors, il ne remua plus ; et on l'eût pu croire mort, effectivement, comme il l'avait annoncé, s'il n'avait point manifesté sa douleur, et par cela même son existence, au moyen de gémissements aigus.

En revanche, Jacques avait cessé de crier. La disparition du facteur au nez terrifiant, d'une part, et, d'autre part, quelques bonnes caresses paternelles, lui avaient vite fait recouvrer ses roses couleurs natives et sa joie exubérante, tapageuse. De toute sa voix suraiguë et autoritaire, il réclamait :

— Pompon ! Pompon !

Certes, ce fut un grand bonheur pour Jossambouriquette que le chien entendît ces appels de son jeune maître, car, dès qu'il les eût entendus, l'animal planta là, dans sa touffe de cactus, le blessé au nez gémissant et remonta d'un seul élan dans la tonnelle.

Cependant, Maurice Magardès courait au secours du facteur. Il eut toutes les peines du monde pour le retirer de son siège d'épines ; et, s'il parvint à le mettre debout, il ne réussit pas à le maintenir dans cette position. A peine relevé, Jossambouriquette se laissait glisser de nouveau à terre, penchant lugubrement la tête, comme un pantin démantibulé, et nasillant avec désespoir :

— Aïe ! Ouille ! Que je souffre ! Je suis bien mort ! Ouille, que j'ai mal ! Aïe, aïe, aïe !

— Que diable, un peu de courage, un peu de nerf ! répétait M. Maurice. Ce n'est rien, mon brave Jossambouriquette ;

voyons, un facteur sait marcher. Tu ne me feras pas croire que tu ne peux pas te tenir droit...

Mais Jossambouriquette retombait encore, en geignant :

— Aïe, aïe, aïe! Ouille! Je suis bien mort!

Il fallut que Maurice Magardès tirât le petit sifflet d'ivoire qu'il portait toujours dans une poche de son gilet de chasse; et il siffla trois fois. Au troisième sifflement, la silhouette de Chaffre se dessina sur la terrasse. Au quatrième, le borgne, mettant les enjambées doubles, joignait son maître et le facteur.

— Vous avez sifflé, monsieur Maurice, je trouve. Et qu'est-ce qu'il y a? demanda-t-il en haletant un peu.

— Je suis bien mort, déclara Jossambouriquette, immobile.

Alors, sans rien savoir encore, mais présumant (bien à tort) que son maître venait d'infliger au facteur une correction :

— Monsieur Maurice a bien fait, prononça Chaffre. Aussi, tenez, Jossambouriquette, avec votre grand nez et votre long, long, long individu, il y a assez longtemps que vous le preniez de haut, je trouve.

Négligeant de désabuser le borgne, Maurice Magardès lui ordonna vivement :

— Soulève Jossambouriquette par les pieds; je le soutiendrai par les épaules; nous allons à la chambre bleue.

Ainsi ils montèrent lentement jusqu'au château, sans discourir davantage. Toutefois, à l'instant précis où ils franchissaient le seuil de la cour, le facteur eut un sursaut à la vue de la grande grille, et il dit dans un nasillement où une affreuse crainte se mêlait à de la douleur :

— Aïe! Ouille! Où me porte-t-on?

— Tranquillise-toi, Jossambouriquette, ce n'est pas au cimetière, lui répondit M. Maurice avec un sourire très rassurant.

Chaffre dit :

— Pour un homme maigre, vous êtes bien lourd, Jossambouriquette, il me semble. Mais, pour un homme tellement long, vous êtes bien léger, je trouve.

Or la nourrice arlésienne étant survenue et ayant demandé, de sa voix lente et mélodieuse, s'il y avait réellement quelqu'un de mort.

Pour un homme maigre, vous êtes bien lourd.

— Non, il y a tout juste là de quoi fouetter un chien, affirma M. Maurice sans s'arrêter et soutenant toujours Jossambouriquette.

Et, coup sur coup, il recommanda :

— Luiset, corrige Pompon ! Jeanne-Marie, occupe-toi de maître Jacques !

CHAPITRE III

L'HOTE DE LA CHAMBRE BLEUE.

La chambre bleue, l'une des plus jolies du château, s'éclairait au levant, en face du chêne blanc centenaire. Sa tapisserie, ses rideaux, le reps des deux chaises et des deux fauteuils étaient de la couleur du ciel sans nuages, comme aussi la courtepointe du lit.

Un superbe lit Louis XIII, patiemment sculpté, à colonnes torses. Au fronton et, çà et là, parmi les rinceaux, des mascarons moustachus, aux grands yeux vides, grimaçaient drôlatiquement. Sur cette couche somptueuse, on déposa doucement Jossambouriquette, qui ne cessait de geindre.

Achilesse accourut, les bras au ciel, répétant d'une manière immodérée sur tous les tons et avec une variété infinie d'attitudes tristes :

— Peuchère, Jossambouriquette ! Ah ! Jossambouriquette, peuchère !

Comme elle ne faisait que gêner, M. Maurice l'éconduisit en lui enjoignant soudain :

— Va chercher de l'arnica.

Quand elle eut apporté le flacon :

— C'est bien, fit M. Magardès un peu impatienté. A présent, ma bonne Achilesse...

— Ah! monsieur, en voilà un malheur! Ah! Jossambouriquette, peuchère!

— A présent, ma bonne...

— Peuchère, Jossambou...

— A présent, tu vas me faire le plaisir de retourner à l'office. Nous n'avons plus besoin de toi.

Sur la pointe des pieds, avec plus de regret que de hâte, et branlant la tête, la bonne Achilesse partit.

Or, ayant déshabillé le facteur qui s'abandonnait, lui si long, lui si grand, comme un tout petit enfant, et l'ayant douillettement étendu sur le drap bien blanc, frais et fin, M. Maurice Magardès et Chaffre commencèrent à le panser.

D'abord, tout alla assez bien. Mais dès que l'on attacha sur les plaies de Jossambouriquette les bandes imbibées d'arnica, le bonhomme poussa de véritables hurlements :

— Ça me cuit! Comme ça me cuit! Qu'est-ce qui vous prend de me mettre le feu partout? vociférait-il en s'arquant comme un hareng saur sur un gril ardent.

Et il voulait arracher ses bandages.

Pour l'assagir, M. Maurice dut lui dire :

— Écoute, Jossambouriquette, tes blessures ne sont pas mortelles : que tu te tiennes tranquille, et, dans quatre ou cinq jours, il n'y paraîtra plus. Mais si tu exécutes des sauts et des bonds, je t'avoue que... tu es perdu. Tu me comprends, Jossambouriquette? Si tu t'agites, tu es perdu!

Tout tremblant, le facteur, qui tenait infiniment à la vie, répondit, du bout du nez :

— Je vous comprends, monsieur Maurice.

Le fait est qu'il n'osait même plus remuer l'extrémité du petit doigt, et il respirait d'une façon si craintive, si discrète, que Maurice Magardès ne put retenir un éclat de rire.

Cette gaieté sonore annonçait que Jossambouriquette n'était pas bien sérieusement atteint. Sans doute, les déchirures de sa peau étaient nombreuses, mais ce n'étaient pour la plupart que des égratignures légères ; la plaie que les crocs de Pompon avaient creusée dans la cuisse du facteur méritait seule quelque considération et quatre ou cinq points de suture. Par acquit de conscience, M. Maurice Magardès ordonna à Chaffre de prendre la victoria et d'aller à Anduze prévenir le médecin Regnaud.

M. Regnaud n'était qu'officier de santé ; c'est pourquoi il tenait beaucoup à ce qu'on l'appelât *docteur*, et même *monsieur le docteur*. Il avait, du reste, la chance de posséder le joli prénom de Didier, et, comme Didier commence par un *D*, comme Didier finit par un *r*, M. Regnaud libellait ainsi ses cartes de visite :

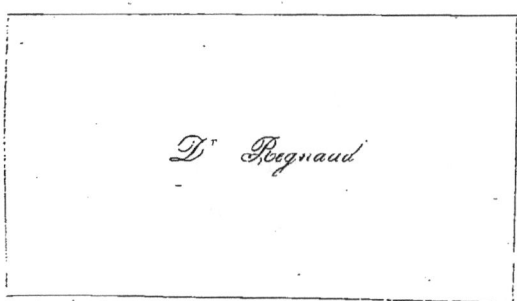

Cela signifiait *docteur Regnaud*, ou bien *Didier Regnaud*, au choix. Par ignorance ou par politesse, les clients de M. Regnaud lisaient tous : *Docteur Regnaud*.

Il y a d'excellents officiers de santé, il y a de détestables médecins; M. Regnaud était un officier de santé qui ne se doutait pas de ce qu'est la médecine. Il la considérait comme une profession qui permet à quelques hommes de vivre en en regardant mourir beaucoup d'autres.

Ce sera peut-être long à cicatriser.

Dès qu'il eut examiné Jossambouriquette, M. Regnaud, si ignare qu'il fût, reconnut néanmoins que les blessures du facteur, y compris la plaie de la cuisse, ne présentaient aucun caractère de gravité.

Néanmoins, il prononça avec un hochement de menton qui cachait un espoir intime :

— Ce sera peut-être long à cicatriser.

Ainsi M. Regnaud formulait son intention de revenir plusieurs fois aux Nonnains, où M. Magardès le retenait souvent à dîner et lui payait toujours ses visites grassement.

— Ce sera peut-être long, réitéra-t-il.

Chaffre cligna de son bon œil et opina :

— Ce n'est pas étonnant que ce soit long, je trouve ; Jossambouriquette n'est pas court !

Après avoir appliqué quelques drogues inutiles sur les plaies de son nouveau client, M. Regnaud se retira en promettant :

— Allons, à bientôt, Jossambouriquette! A demain !

Dans la nuit, le blessé dut avoir un peu de fièvre. Il eut certainement de la fièvre, ou quelque chose de semblable, car il but d'une façon insolite. Maurice Magardès avait fait porter dans la chambre bleue plusieurs bouteilles de bon vin, et notamment deux de blanquette. Le lendemain (or, Dieu me garde de calomnier un pauvre brave homme qui a failli servir de pâture à un chien!), le lendemain, toutes les bouteilles étaient vidées. Il faut croire que Jossambouriquette, bien que blessé très légèrement, souffrait d'une soif ardente !

Au demeurant, quoique non prescrit par la Faculté, le remède répandit dans l'âme du facteur un peu de courage avec une pointe de gaieté. Même, Jossambouriquette daigna s'informer de la condition où se trouvait actuellement Pompon, le terrible Pompon anthropophage. Et, quand on lui eut répondu qu'après une heure de chaîne et une fouettée bénigne, on avait rendu ce meurtrier à la liberté et aux jeux, la victime prononça cet apophtegme :

— Il faut pardonner au prochain.

Dans l'après-midi, M. Regnaud arriva comme il l'avait annoncé et renouvela les pansements. Le facteur lui demanda naïvement le nom des drogues qu'il tirait de sa trousse avec tant de cérémonie et dont il imbibait, enduisait ou saupoudrait la charpie et les bandelettes. Alors, le médecin baragouina plusieurs mots inintelligibles.

— Oh! sapristi, qu'est-ce que c'est que ça? nasilla Jossambouriquette stupéfié.

— Ça, mon ami, c'est du latin, lui assura M. Regnaud.

Or, pas plus que Jossambouriquette, M. Regnaud ne savait le latin. Il n'importe; au lieu de dire : *De l'eau*, il aimait syllaber doctoralement : *Aqua simplex*. De cette manière, pendant un instant, il se donnait à lui-même l'illusion qu'il était savant.

Après un silence, le facteur nasilla de nouveau :

— Et, sans parler latin, monsieur le docteur, en parlant français comme nous autres, est-ce que vous ne croyez point que, de cette aventure-là, je resterai boiteux toute ma vie?

— En bon français, je te promets que non. Dans trois semaines, un mois au plus, tu marcheras comme devant, et même, tu marcheras mieux.

— Allons donc! Je marcherai mieux?

— Évidemment... Évidemment!... Tes jambes seront rajeunies, grâce à la vertu de ces drogues.

Et, après avoir remis ses ingrédients dans sa trousse, M. Regnaud se retira, disant :

— A bientôt, Jossambouriquette! A demain!

Ainsi il revint quatre ou cinq fois en quatre ou cinq jours. Après quoi, il espaça un peu ses visites.

D'ailleurs, à dire vrai, Jossambouriquette était déjà raccommodé. Non seulement il pouvait faire, la nuit, autant de chemin qu'il en fallait pour dénicher quelque bonne bouteille, mais encore, descendant à pas furtifs sur la terrasse ou dans le jardin, il s'offrait, pendant que tout le monde dormait au château, de petites promenades embaumées et sentimentales.

Agissant à l'insu l'un de l'autre, et pour des mobiles tout à fait différents, le faux médecin et le faux malade agissaient pourtant de complicité; et si, après une semaine de lit, le facteur ne reprit pas son service postal, c'est, d'une part, qu'il trouvait la vie aux Nonnains reposante et bien arrosée, et c'est, d'autre part, que M. Regnaud n'était pas fâché d'allonger sa note.

Jossambouriquette se levant la nuit, soit dans le but de boire, soit afin de rêver aux étoiles, pouvait garder le lit dans la journée, sans trop de peine et sans trop d'ennui. Alors, il dormait, ou bien il lisait, ou bien encore il s'amusait à élaborer tout seul de ces combinaisons de cartes que l'on appelle des *patiences*, des *réussites*. Mais, pour lui, les meilleures heures diurnes étaient celles qu'il passait en la compagnie de Jeanne-Marie, du petit Jacques et — ô charmante ironie ! — de Pompon.

Chaque après-midi, avant le goûter, cette compagnie ingénue et joyeuse effectuait son entrée dans la chambre bleue. L'Arlésienne s'inclinait légèrement, comme s'inclinent les « dames », et tout de suite allait s'asseoir sur l'un des fauteuils couleur du ciel sans nuages. M. Jacques, que le nez de Jossambouriquette n'effrayait plus, que même ce nez égayait, le mutin M. Jacques allait le pincer, le tirer, le tortiller, ce malheureux nez sans pareil ; et, en le pinçant, en le tirant, en le tortillant (sans toutefois lui faire mal), le bambin trépignait d'aise. Bonnement, le facteur riait aux éclats, cependant que Pompon, heureux du plaisir de son jeune maître, gambadait autour du grand lit, regardait avec douceur son ancien ennemi, sa longue victime, et, de fois à autre, lui léchait tendrement les mains. Un moment, la chambre s'emplissait de tumulte et de poussière.

Pourtant, tout se calmait bientôt. La nourrice se levait, approchait du chevet du lit une chaise bleue sur laquelle Jacques s'asseyait gravement. Le chien se couchait aux pieds de l'enfant. Et quand Jeanne-Marie avait repris sa place sur le fauteuil de reps couleur d'azur :

— Eh bien, monsieur Jossambouriquette, demandait-elle de sa voix musicale, et votre histoire du sacristain ?

— Ah ! ah ! mon histoire du sacristain, disait Jossambouriquette. Eh bien, je vais vous la conter.

Un joyeux battement de mains de Jacques, un fougueux remuement de queue de Pompon, puis une minute d'immobilité parfaite et de souverain silence. Alors, avec un nasillement qui augmentait fort le comique de ses paroles, Jossambouriquette narrait l'aventure véridique et, au fond, très simple, du sacristain. Et il la narrait si bien, et ses gestes expliquaient si clairement ce que, pour un enfant, des mots seulement auraient laissé incompréhensible, il la racontait avec un tel luxe de développements et de commentaires, que Jacques la comprenait. Bien plus, il la savait. Et il l'avait déjà contée deux ou trois fois à son père, à sa mère et à l'oncle Jean-Paul.

L'histoire, que nous allons abréger, commençait ainsi que toute histoire qui se respecte :

— Il y avait une fois...

Donc, il y avait une fois, à Sainte-Croix-d'Emblave, un aimable et fort bon sacristain, possesseur d'un nez plus petit que le nez de Jossambouriquette et d'une calotte dont il se couvrait toujours la tête. On l'appelait M. Septime Pagèse, ou M. Pagèse, ou M. Septime. Voilà tout ce que l'on pouvait lui dire et voilà aussi tout ce que l'on pouvait dire de lui.

Sainte-Croix-d'Emblave, c'est un nom encore plus long que ce nom : Jossambouriquette. Toutefois, Sainte-Croix-d'Emblave est un tout petit pays. Un maire, un adjoint, un instituteur, un garde champêtre, un brigadier de gendarmerie et quatre gendarmes, le sacristain et le curé. Pas de Pompon; pas de Jeanne-Marie; pas de Chaffre, je trouve; pas d'Achilesse, peuchère! Que voulez-vous faire à Sainte-Croix-d'Emblave? M. le sacristain Septime Pagèse s'y ennuyait fichtrement. Ce sont ses propres paroles; il n'en faisait point mystère; il énonçait avec conviction :

— Saperlipopette, je m'ennuie fichtrement!

Et, après avoir émis ces paroles sincères, il bâillait, il bâillait que c'en était une bénédiction.

Voici que, patapouf! un certain matin, je ne sais plus quel événement l'obligea à se rendre à une ville, à une très grande ville, à Marseille. Oui, à Marseille, comme cela tout de suite. A Marseille, un sacristain qui n'était jamais sorti de son petit pays cévenol! Quel émoi! Quelle merveilleuse aventure!

Lorsque, arrivé à Marseille, M. Septime Pagèse vit la mer, il fut stupéfié. La mer, c'est une étendue d'eau autrement vaste que la Gorgone, autrement vaste que le Valatblu, même cent, même mille fois plus vaste que le Gardon. Mais ce qui stupéfia

Il y avait une fois...

davantage encore M. Septime, ce fut de voir des créatures humaines, de vraies créatures humaines, qui se soutenaient au-dessus de l'eau et avançaient en remuant les membres, à la manière des poissons.

— Hé! saperlipopette, qu'est-ce que c'est, diable, que cette affaire-là? interrogea M. Pagèse.

On lui dit :

— Té, bagasse, monsieur, c'est des nageurs.

— Des nageurs!

Des hommes, des femmes, des enfants qui nagent! Des nageurs! Saperlipopette, vous êtes bons, des gens qui nagent, des nageurs, c'est vite dit. Et, tout d'abord, M. Septime Pagèse ne comprit pas très bien. Il réfléchit et comprit mieux. Il comprit que, pour nager, il fallait beaucoup, beaucoup d'eau. Alors se parlant à lui-même, il se demanda anxieusement :

— Comment apprendre à nager, comment nager à Sainte-Croix-d'Emblave, le village le plus aride, le plus sec qui soit en terre cévenole?

Et il ne trouva à cette question, qu'il s'était posée, aucune réponse satisfaisante.

De retour à Sainte-Croix, sa calotte sur la tête, M. Septime ne rêvait plus que nageurs, natation, plongeons, brassées. Parfois même, il rêvait tout haut.

Or, un soir d'automne que le sacristain faisait part de ses rêves mélancoliques à un ancien matelot, espèce d'escogriffe malicieux et trompeur, et qu'il se lamentait, parce qu'il ne pouvait apprendre à nager faute d'eau :

— Il ne faut pas, mon brave ami, vous chagriner inutilement, lui conseilla le vieux marin finaud, et je ne conçois pas qu'un homme comme vous, qui manie les ornements et les vases sacrés, qui sonne les cloches, je ne conçois pas qu'un individu qui parle quasiment latin, ignore cette chose reconnue : pour apprendre à nager, il n'est pas besoin d'une seule goutte d'eau.

M. Pagèse se recula de trois pas, et, ouvrant des yeux aussi grands, mais moins jolis, que les yeux de Jeanne-Marie l'Arlésienne :

— Saperlipopette, qu'est-ce que vous me dites là? s'écria-t-il.

— Je vous dis qu'il n'est rien au monde d'aussi facile que d'apprendre à nager sans eau. Qu'il y ait un soleil au ciel et que l'on puisse nager sans eau, ce sont deux vérités également évidentes. Tenez, Septime, écoutez-moi bien. Il y a, dans les champs, des arbres que l'on nomme des *noyers* et qui produisent les noix. Vous parlez toujours de la mer. Eh bien, mon brave ami, les noix, ce n'est ni plus ni moins que la mer.

Le sacristain répéta :

— La mer!

Et l'ancien matelot reprit avec gravité, sans laisser voir sa violente envie de rire :

— Septime, les noix, c'est la mer. Vous faites mettre dans une chambre trente, quarante centimètres de noix sèches, et, sur ces noix, dans ces noix, qui sont mouvantes, ondoyantes comme les flots, vous apprendrez à nager, vous nagerez aussi commodément que si vous étiez dans la mer.

— Vous ne badinez pas? Vraiment?

— Mon cher, fit le marin sans sourciller, vous me connaissez assez, je suppose, pour savoir que je suis renseigné sur les spectacles maritimes. J'ai vu des esturgeons, des requins, des phoques ; j'ai vu des baleines. Et, maintenant, écoutez-moi encore : sans aucune exagération, j'ai vu plus de cent, j'ai vu peut-être mille personnes qui n'ont jamais nagé que sur des noix, et qui vous nagent, Septime, qui vous nagent comme des esturgeons, comme des requins, comme des phoques, qui, franchement, mon brave ami, vous nagent comme des baleines.

Ainsi parla gravement l'espèce d'escogriffe malicieux et trompeur. Et, ayant ainsi parlé, il se leva et se retira chez lui pour rire tout son soûl de la candeur des «terriens», qui, à l'instar du petit navire, n'ont ja-ja-jamais navigué. Ce hâbleur n'avait pas encore tourné le coin de la rue, que déjà le crédule sacristain appelait :

— Léontine ?

— Plaît-il ? Qu'est-ce qu'il y a ? répondit Mme Pagèse.

— Ce qu'il y a ?

M. Septime hésita un moment. Il tapota sur sa calotte. Ensuite il débita ces paroles mémorables :

— La nuit vient, Léontine, mais cela importe peu. Prends des sacs. Tous les paroissiens ne sont pas couchés ; j'aperçois çà et là une barre de lumière au seuil des portes. Prends des sacs, Léontine, et, te hâtant, va-t'en dans Sainte-Croix acheter des noix, beaucoup de noix, toutes les noix que tu trouveras. Tu les apporteras là-haut, dans la chambre du second, et tu les répandras sur les dalles.

— Peuchère ! s'exclama la femme, qui s'exprimait parfois à la manière d'Achilesse. Peuchère! mon pauvre Septime, que veux-tu faire de toutes ces noix ?

— Cela ne te regarde pas, Léontine. Dépêche-toi ; emporte des sacs ; tu prendras de l'argent dans la huche.

Docilement, Mme Pagèse partit sans comprendre et sans répliquer. Et il y avait, le lendemain, quarante centimètres de noix, de belles noix sèches, dans la chambre du second.

Alors, le sacristain monta, fit jouer le pêne, entra, se mit en costume : espadrilles, caleçon court, calotte imperméable et double vessie natatoire. Dans cet attirail de nageur, il se jeta, s'allongea sur les noix. Et en avant les bras, en avant les jambes !

Le sacristain se mit en costume.

En avant les brassées et les plongeons !

Avec un bruit formidable, les noix roulaient sur les dalles comme le fracas du tonnerre. Toutes les vitres grelottaient. Les gens de Sainte-Croix-d'Emblave, sur le seuil de leurs maisons, se demandaient si l'on n'entendait pas un tremblement de terre lointain.

Alarmée, frissonnante, Mme Pagèse s'élança à travers l'escalier. Affolée, elle ouvrit la porte et poussa une exclamation de stupeur, à voir son trop naïf époux en cette posture burlesque, gesticulant sur un lit de noix effroyablement bruyantes.

Mais, sans s'arrêter de rouler, d'étendre et de déployer ses bras, et de gambiller avec conviction :

— Ah! malheureuse que tu es! lui cria le sacristain de Sainte-Croix-d'Emblave, tais-toi, ne me trouble pas, Léontine! Tu pourrais me faire noyer!

CHAPITRE IV

JOSSAMBOURIQUETTE EST GUÉRI ; MAIS LA CHAMBRE BLEUE
A UN NOUVEL HOTE.

Pendant deux mois, trois mois, quatre mois, le long facteur au nez mirifique a prolongé sa villégiature aux Nonnains. Ah ! le bon temps !

Pompon et le petit Jacques, le paresseux Jossambouriquette et l'ignorant docteur (?) Regnaud n'eussent pas mieux demandé que ce temps-là durât toujours. Mais une intervention de l'oncle Jean-Paul vint déranger les choses.

Une nuit, comme il avait pris l'agréable habitude de le faire toutes les nuits, Jossambouriquette s'est levé, et, coiffé d'un casque à mèche, en manches de chemise, une bouteille de vin sous le bras, les pieds nus, il est descendu au jardin. Grillées par le soleil incandescent, des marronniers, des platanes et des paulownias, beaucoup de feuilles sont tombées, que la paresse du vieux Chaffre n'a pas balayées encore. En sorte que, si nus qu'ils soient, les pieds démesurés de Jossambouriquette produisent, en foulant ce tapis sec, des froissements, des bruissements, des craquements. Qu'importe? Qui les entendrait? Minuit vient de sonner. Depuis longtemps, aucune lumière ne brille plus aux fenêtres des Nonnains ; et ce grand benêt de facteur, malgré le bruit de la jonchée qu'il écrase, ne ressent pas la moindre inquiétude, bien sûr que tout le monde, hormis lui seul, dort au château.

Pauvre Jossambouriquette ! Il se trompe.

M. Jean-Paul Magardès a bu du café ce soir-là ; et, quand l'oncle de Jacques prend du café le soir, il dort d'un sommeil si

Tout le monde dort au château.

léger qu'il suffit, pour le réveiller, du tintement d'une horloge, d'une chouette qui hulule, d'une guêpe qui vrombit. Si bien que M. Jean-Paul a entendu crier les feuilles.

Un instant, il a supposé que le vent les faisait bruire ; mais non, la brise dort. A la clarté bleue de la pleine lune, M. Jean-Paul constate, sans sortir de son lit, que les hautes branches des marronniers s'allongent immobiles, que même, derrière les vitres, aucun souffle n'agite les cordelettes des jalousies. Étonné, il écoute plus attentivement; les feuilles sèches craquent plus fort. Cette fois, il comprend : quelqu'un, à coup sûr, marche dans le jardin.

Alors, Jean-Paul Magardès se dresse et court à la fenêtre, laquelle justement s'ouvre en face d'une allée verte que Jossambouriquette affectionne entre toutes et qu'il arpente, en ce moment, à longs pas bruyants et pourtant tranquilles.

— Qui va là? crie M. Jean-Paul en apercevant le promeneur coiffé du casque à mèche.

En effet, il n'a pas reconnu Jossambouriquette. Il prend pour un malfaiteur ce promeneur nocturne dont il ne remarque point le nez démesuré, ce nez comme il n'en existe nul autre au monde; il s'étonne de voir que cet individu serre un objet mystérieux sous son bras, et marche pieds nus. Il répète d'une voix forte :

— Qui va là?

Jossambouriquette a tressailli, s'est arrêté tout de suite, envahi d'une angoisse qui lui rappelle celle qu'il ressentit le jour déjà lointain où Pompon avait commencé à le mordiller. Que faire? S'enfuir et essayer de se faufiler dans la chambre bleue? Ou bien répondre franchement :

— Je suis Jossambouriquette, le facteur. Je suis un facteur qui, cette nuit, opère sa petite tournée hygiénique et sentimentale, comme il le fait ponctuellement, sans y manquer une seule nuit, depuis dix ou douze semaines que ses jambes vont... assez bien.

Mais le facteur craignit que, s'il disait la vérité, l'aîné des Magardès ne lui répliquât péremptoirement :

« — Ah! ah! farceur de Jossambouriquette, tu es donc guéri depuis plus de deux mois? Que continues-tu à recevoir les soins de ce Regnaud (que mon frère payera cher, entre parenthèse) et à te goberger dans la chambre bleue, au grand détriment de notre cave? Allons, tu t'es, à nos dépens, engraissé d'au moins trente livres, la plaisanterie a suffisamment duré, camarade! Que la bouteille que tu as sous le bras soit la dernière que tu tarisses ici! Reprends ton bâton, ô facteur qui nous mystifias si longtemps; reprends ton sac à lettres, ô sac à vin! Ce n'est plus à la clarté douce de la lune, dans le jardin frais et odorant des Nonnains, qu'il te faut faire ta tournée, mais désormais arpenter, sous les rayons aveuglants du soleil, les sentiers abrupts et les routes poudreuses. »

Voilà ce qu'il craignait de s'entendre dire, en termes assurément plus énergiques, par la bouche mince et sévère de M. Jean-Paul; de sorte que, pour ne point subir cette humiliation — et, humiliation à part, pour ne point perdre tous les biens de la chambre bleue — Jossambouriquette s'enfuit au grand galop de ses jambes neuves.

— Halte! lui cria Jean-Paul Magardès.

Cependant, l'homme en casque à mèche courait toujours, sautant par-dessus les haies de buis, la poitrine haletante, égaré, perdu, éperdu, cherchant une cachette, un abri quelconque, un refuge.

— Halte! répéta M. Jean-Paul.

Il avait quitté sa chambre, traversé en hâte le vestibule, et il parut sur la terrasse, en simple chemise de nuit, mais armé d'un lefaucheux.

Jossambouriquette, haletant, avait fini par s'enfoncer dans un massif épais de lauriers-roses; et, persuadé à tort que personne ne saurait l'y découvrir, il se tenait accroupi, sans un geste. Ou plutôt, le seul geste qu'il fit fut de retirer de sous son bras la bonne bouteille de vin et de la porter à ses lèvres. Il buvait posément, se réconfortant à petits coups et renaissant à l'espérance.

Aucune feuille ne remuait, aucun oiseau ne chantait, aucun crapaud non plus, aucun grillon, aucune cigale. Sous les étoiles qui clignotaient malicieusement, il y eut un long moment de silence suprême.

Tout à coup, la voix de M. Jean-Paul s'éleva de nouveau, laconique, tranchante et décisive, menaçant :

— Avance ici, bandit! ou je te tue comme un becfigue.

Mais Jossambouriquette, malheureusement convaincu que sa cachette le rendait invisible, se garda d'obtempérer à l'ordre jeté par l'oncle de Jacques. Même, héroïque sans le savoir, il s'était remis à boire quand il entendit un bruit terrifiant fait de toutes sortes de bruits. Ce fut à la fois le son d'une arme que l'on décharge, l'affreux sifflement du plomb qui traverse l'air et crépite dans les branches des lauriers-roses; enfin, un grand cri humain, un cri que Jossambouriquette lui-même avait poussé inconsciemment. Presque en même temps, le pauvre homme porta la main à son front d'où s'était envolé son casque à mèche, et il tomba à la renverse.

— Comme un becfigue! gémit-il.

Pitié! pitié! supplia Jessambouriquette.

Déjà, brandissant son arme meurtrière, prêt sans doute à tirer un second coup de feu, M. Jean-Paul s'était précipité dans le jardin, vers le massif où l'imprudent buveur croyait, follement, s'être si bien dissimulé. Or, se soulevant à demi :

— Pitié ! pitié ! supplia Jossambouriquette. Je quitterai la chambre bleue... Je reprendrai mon service... Je ne boirai plus votre bonne « blanquette », mais, au nom du ciel, ne m'achevez pas !

M. Jean-Paul se sentit, en entendant cette lamentation, agité de stupéfaction et même de chagrin, il s'écria :

— Comment ! Jossambouriquette, c'est toi !

Ensuite, se penchant vers le facteur et l'aidant à se relever :

— Voyons, parle, es-tu blessé ? s'inquiéta-t-il. Véritablement, tu n'as pas de chance.

Alors, avec un lugubre hochement de tête, et d'un ton de persuasion comique, le facteur répondit :

— C'est vrai, monsieur, que je n'ai pas de chance. Mon casque à mèche a reçu toute votre charge !

Ce disant, il montrait son bonnet de coton, qu'il venait de ramasser, percé, criblé de trous de plomb. Il soupira :

— Ce n'est plus un bonnet, voyez, monsieur ; c'est une épuisette, à présent.

— Puisses-tu, Jossambouriquette, prendre avec beaucoup de poisson ! fit en riant l'aîné des Magardès, rassuré.

Or, ayant formé ce souhait aimable, M. Jean-Paul mit son fusil en bandoulière ; et, suivi de près par le facteur, il remonta en silence sur la terrasse. Là, il s'arrêta brusquement et, d'un accent moitié badin moitié sévère, il prononça :

— Va te recoucher, mon garçon, et tâche de bien dormir. Tantôt, en te voyant courir, j'ai constaté que tes jambes sont bonnes. Comme tu l'as dit, tu reprendras ton service ; tu le reprendras dès demain. Et, dans ton intérêt surtout, pas un seul mot de cette histoire !

— Certainement, monsieur Jean-Paul, nasilla le facteur.

Et, le cœur gros, il était allé se recoucher.

Le coup de fusil qui avait failli le tuer, transformant son casque à mèche en épuisette, ce coup de fusil n'avait réveillé personne. Aussi, l'oncle Jean-Paul à part, tout le monde s'étonna fort, au château, du rétablissement subit de Jossambouriquette. Le plus surpris, du moins en apparence, fut le nommé Regnaud. Quand il arriva dans l'après-midi, et demanda à voir son « malade », on lui annonça qu'il était parti.

— Allons donc, parti ! Et pourquoi ?

— Dame ! docteur, il était guéri.

Mais M. Regnaud affirma, avec l'aplomb qui lui tenait lieu de savoir :

— Le facteur guéri ! Lui, guéri ? Ce n'est pas possible !

Et, fort désappointé, l'officier de santé se retira non sans lever, à plusieurs reprises, ses bras en l'air, en répétant :

— Ce n'est pas possible. Quelle imprudence !

— Oui, Jossambouriquette est imprudent, je trouve, dit Chaffre.

Achilesse dit :

— Jossambouriquette, peuchère !

Quant à Jacques, il ne dit rien.

Pourtant, il s'affligeait, intérieurement, du départ de ce

bonhomme, possesseur d'un nez si amusant, et conteur émérite de l'histoire du sacristain nageant sur des noix. Et, comme l'enfant demeurait tout pensif et triste, son père mit fin à ses regrets en lui promettant :

— Jossambouriquette reviendra. Il reviendra même tous les jours, et il nous apportera des lettres.

— De jolies lettres, papa ?

— Très jolies.

Effectivement, le facteur apparut le lendemain, son bâton au poing, sa boîte professionnelle au côté. Jacques et Pompon lui firent fête ; M. Maurice exigea qu'il acceptât un gobelet de vin. Mais l'homme au nez mirifique ne s'arrêta pas longtemps ; le gobelet vidé, il lança un coup d'œil ému dans la direction de la chambre bleue, il étouffa un soupir et se remit en marche.

Il en fut de même le jour suivant, puis chaque jour, pendant des mois et des mois. Sans se lasser, Jossambouriquette montait aux Nonnains, y tarissait un gobelet et repartait, laissant sur la table de la cuisine des journaux — quelquefois des journaux remplis d'images — et de « jolies » lettres, comme disait Jacques.

L'enfant savait que c'étaient de « jolies » lettres parce que son père les lui lisait, comme on lit les lettres à un petit enfant, en simplifiant leur style, quelquefois même en y ajoutant de petits passages puérils où il était question de Jeanne-Marie, de Pompon, de Chaffre, et d'un cheval de bois, et d'une trompette.

Jacques écoutait alors, non seulement des deux oreilles, mais de tout son cœur, heureux, ravi des belles choses que lui lisait son père. Néanmoins, il eût ressenti plus de bonheur encore et surtout de fierté s'il avait pu les lire lui-même.

— Je veux lire, disait-il parfois.

M. Maurice lui tendait une lettre.

— Eh bien, lis.

Le garçonnet faisait semblant de lire, imaginait une phrase ou deux, puis, rageant de ne pouvoir en inventer davantage, rendait la lettre en piétinant d'impatience :

— Papa, papa, je veux lire !

— Eh bien, tu as lu, souriait M. Maurice.

Mais Jacques, malgré son orgueil, ne voulait pas mentir, et il avouait :

— Non, je n'ai pas lu.

— Tiens, pourquoi donc ?

— Parce que je ne sais pas.

Or, il voulait savoir, et, évidemment, il voulait savoir tout de suite. Jeanne-Marie lui apprit donc l'alphabet.

Quand il connut l'alphabet, il s'aperçut qu'il ne lisait pas mieux les « jolies » lettres que Jossambouriquette, fidèle, inlassable, continuait à déposer sur la table de la cuisine. Cette constatation chagrina si vivement le petit bonhomme, qu'il en pleura de dépit.

— Calme-toi, lui dit M. Maurice. Jeanne-Marie t'a appris l'alphabet ; maintenant, ton ami Chaffre va continuer ton éducation.

Chaffre mit la moitié d'un an à enseigner le syllabaire à Jacques. Après quoi, celui-ci dut se reconnaître encore incapable de lire les jolies lettres. Il en sanglota de rage. Son père le calma de nouveau, et, pendant deux ou trois mois, il lui donna des leçons.

De ces leçons, l'enfant ne profita guère, M. Maurice étant trop distrait et surtout trop faible pour enseigner avec fruit. C'est pourquoi on résolut de chercher un précepteur.

M. Magardès songea d'abord au curé de Bagard, le septuagénaire M. Boussuges; mais le bon vieillard se récusa.

— Il y a quarante ans que j'ai oublié le peu de latin que je savais, mon cher monsieur Maurice.

— Hé! monsieur le curé, point n'est besoin de latin encore, Jacques n'a pas même cinq ans.

— Soit. Mais, alors, pour tout vous avouer, cher monsieur Maurice, je crains fort que mes ouailles ne m'aient fait perdre mon français...

On le comprend, M. Maurice Magardès n'insista pas.

Faute de mieux, il s'adressa à M. Gordes, celui-là même qui, quinze ans auparavant, l'avait préparé à subir l'examen du baccalauréat.

M. Valentin Gordes était un Anduzien d'humeur joyeuse; les cheveux courts, la face glabre, le sang à la peau, bien en chair, avec ses fossettes aux mains et une disposition indubitable à l'embonpoint, il ressemblait à un bon moine, un excellent moine de quarante ans; mais il frisait la cinquantaine. Il avait appartenu à l'Université.

Au lendemain de je ne sais plus quelle aventure politique, il s'était retiré dans sa ville natale, y menant une existence besogneuse nonobstant ses nombreux titres et emplois de professeur, d'officier d'Académie, de chevalier du Mérite agricole, d'expert-comptable, de secrétaire du conseil municipal, de chef d'orphéon et de correspondant des *Petites Cévennes* et de *l'Écho des poètes lyriques*, tous titres et emplois qui, dans une villette de quatre mille huit cents âmes, donnent moins d'honoraires que d'honneurs.

M. Gordes, veuf, avait deux fillettes. Il connaissait la générosité de son ancien élève. C'est pourquoi, aussitôt la lettre de M. Magardès reçue, sans perdre de temps à répondre, sans prévenir personne, il accourut aux Nonnains, amenant avec lui ses deux fillettes et son chat dans un tilbury de louage. Quant à sa servante Noémi, une montagnarde trapue, au teint fleuri, aux rudes cheveux jaunes, elle arriva, à la nuit tombante, haut juchée sur une charrette, raide parmi les ballots de linge, les caisses de livres, les malles, les valises, les cartons à chapeaux, et, aveuglée par la poussière, ahurie par le cahotage, n'osant point remuer de crainte de culbuter quelque coffre ou d'aplatir quelque chapeau, elle était

Quelle chambre me donnez-vous, cher monsieur?

JOSSAMBOURIQUETTE EST GUÉRI.

comme pétrifiée, la boîte à violon de « monsieur » en bandoulière, les parapluies et les parasols de « mesdemoiselles » sous les bras.

Alors, l'oncle Jean-Paul, plus économe que son frère Maurice, et plus pratique, s'épouvanta :

— Que de monde ! Que d'objets !

— Peuchère, que d'objets ! que de monde ! appuya Achilesse, affairée, ses petits bras maigrelets tendus vers Chaffre.

Quant au borgne, il cligna de son œil clairvoyant et barytonna d'un accent sépulcral :

— Ma foi, oui. Que de monde ! que d'objets... il me semble.

Mais M. Maurice trouvait la surprise presque amusante.

— Bah ! large est la maison, plus large encore la campagne, souffla-t-il à l'oreille de son aîné, qui observa sagement :

— Comme cela va te coûter cher !

Cependant, M. Gordes survint pour aider à décharger la charrette.

— Quelle chambre me donnez-vous, cher monsieur? demanda-t-il à M. Maurice.

— La chambre bleue, si vous voulez.

— Merci. Et pour mes filles et la bonne?

— La chambre verte.

— A côté de la chambre bleue?

— A côté de la chambre bleue.

CHAPITRE V

LA CIGALE D'OR ET L'ORAGE.

M. Valentin Gordes était sujet à de ces sortes de distractions, plus ou moins prolongées, que l'on nomme *absences*. Dès le lendemain de son installation aux Nonnains, il s'appliqua, pendant une couple d'heures au moins, à écrire son nom en gothique sur des couvertures de cahiers blancs :

COURS DE M. VALENTIN GORDES

Et, sous son nom, il moula des titres en belle ronde : *Histoire, Dissertations, Versions allemandes, Géométrie, Philosophie, Discours latins.*

Pendant ces opérations minutieuses, M. Jacques, son élève, soufflait dans une trompette. Certes, les vitres en tremblaient. Mais M. Gordes avait les absences profondes, et il continuait d'intituler ses couvertures. Ensuite, son chat sur les genoux (ce chat était superbe et répondait, plus ou moins docilement, au nom de Tarquin), le professeur prépara un « horaire de travail »; il arrêta qu'il garderait M. Jacques le matin de neuf heures à midi, le soir de deux à quatre heures. Chaque jour de la semaine, le dimanche excepté, serait consacré à l'étude de deux ou trois « branches » déterminées. Et, cela posé, tandis que M. Jacques, lassé de sa trompette, roulait frénétiquement du tambour, le digne M. Gordes fit gravement, imperturbablement, suivant l'« horaire », un triple cours de physique, d'allemand et d'histoire. Puis il interrogea son élève. Alors seulement il s'aperçut, il se rappela que M. Jacques n'avait pas tout à fait cinq ans; et il éclata de rire. Lors, prenant au hasard l'un des cahiers, il effaça le titre ambitieux *Philosophie*, pour le remplacer par celui-ci : *Barres*. Comme il achevait d'écrire ce mot, M. Jacques creva son tambour.

La salle d'études, au rez-de-chaussée, ouvrait sur le rempart, oblongue, tapissée de surnaturels éléphants mi-partis de rose et de jaune; et elle était presque sombre, tant les branches des marronniers et du grand chêne s'enchevêtraient, touffues en cet endroit. A peine apercevait-on, à travers de rares éclaircies de feuillage, deux ou trois sinuosités brèves du Valatblu, très bleues dans les terres brun rouge, et qui fumaient au soleil. Sans le crécellement continu des cigales, sans le bruissement des grillons, le silence eût été complet. Car on n'avait pas remplacé le tambour crevé de M. Jacques, et défense absolue avait été bientôt faite par M. Gordes d'introduire dans la salle d'études les trompettes et même les sifflets.

Assez vite, l'enfant apprenait à tracer droit les barres. Assez vite aussi, il apprenait à obéir. Le professeur était patient, très doux, mais il savait se montrer ferme..., quand il ne pensait pas à autre chose.

A quoi donc pensait M. Gordes? A sa renommée; l'excellent homme travaillait pour la gloire! Il cherchait des sujets d'articles destinés aux *Petites Cévennes*. Il composait des vers en toutes les langues qu'il possédait, vers français ou latins, allemands ou grecs ; même, depuis quelques semaines, il en composait de « félibresques », et il les réussissait spécialement bien.

Le félibresque est une langue fort récente, presque aussi récente que le volapuk, inventée par le poète Frédéric Mistral qui l'a confectionnée en mélangeant les divers idiomes, les

Assez vite, l'enfant apprenait à tracer droit.

quatre ou cinq patois avec lesquels conversent encore les paysans dans le midi de la France, et les harmonieux langages qui y ont fleuri, soit à l'époque des troubadours, soit même dans des temps beaucoup plus reculés. Autant dire que le félibresque est une langue d'ordre composite (à la manière d'une casquette célèbre où l'on retrouvait les éléments du bonnet à poil, du chapska, du chapeau rond, de la casquette de loutre et du bonnet de coton), langue qui ne s'est pas parlée, ne se parle pas et ne se parlera jamais, à moins qu'on ne l'adopte en Suisse : car, en Suisse, on parle allemand, on parle italien, on parle français, ou quelque chose d'approchant, mais il n'existe pas de langue suisse. Le félibresque est là, tout prêt.

Si le félibresque ne se parle pas, en revanche il s'écrit, il s'écrit même beaucoup; et les personnes qui l'écrivent sont appelées des *félibres*. Pour être félibre, il suffit de désirer l'être. Est félibre qui dit qu'il l'est. Cependant il existe un félibrige organisé, officiel, un félibrige académique. Pour être admis dans ce félibrige-là, il faut se faire remarquer. En quoi ? Par qui ? Peu importe. Il faut, en outre, adresser à l'académie félibresque une demande d'admission. On est alors nommé félibre-mainteneur ou félibre-majoral; le titre de félibre-majoral est infiniment plus relevé, les félibres-majoraux ont droit à la cigale d'or, ce qui n'est pas peu de chose, et ils la portent sur l'habit, à gauche, près du cœur.

Déjà officier d'Académie et décoré du Mérite agricole, M. Valentin Gordes désirait passionnément la cigale d'or. Certes, il la méritait autant que personne, rimant un sonnet félibresque presque chaque jour; et, néanmoins, on la lui fit « espérer » pendant plus de trente mois, cette fameuse cigale. Il l'attendit avec une patience et un entêtement sublimes.

Trente mois !... Maintenant, Jacques entrait dans sa huitième année. Il savait lire les jolies lettres que son ami Jossambouriquette apportait avec une régularité inlassable, et, qui mieux est, lui-même en écrivait de charmantes. Enfant non pas prodige, mais précoce, il possédait une assez bonne mémoire, une intelligence nette et prompte. Sa vanité de bébé s'était peu à peu et heureusement changée en orgueil, en bon et noble orgueil, non pas en cette passion folle et niaise qui fait que, de tout ce qui est au monde, l'on n'estime que soi, mais en cette détermination fixe et précise qui induit à mériter sa propre estime et à forcer celle d'autrui. Il disait toujours la vérité; il n'était pas trop gourmand; il avait une gentille petite âme affectueuse et tendre. En ce temps-là, il se coiffait d'ordinaire d'une casquette en drap léger, et son principal défaut était d'avoir la tête près de la casquette. Non que cette tête fût, à proprement parler, mauvaise... Sans doute, quand il avait trois ans, voire quatre, M. Jacques était emporté, M. Jacques était violent... A présent, il n'était plus que vif. Mon Dieu, oui, excessivement vif.

Vif au moral, vif aussi au physique. Les cheveux bruns, la peau hâlée, grand et très musclé pour son âge, il courait comme Pompon, grimpait aux arbres comme un écureuil, montait à cheval comme un écuyer et nageait comme un brochet. Il connaissait tous les recoins, toutes les sentes des Nonnains, et il lui arrivait de guider, sans jamais les perdre, Noémi et les deux fillettes de M. Gordes en de longues promenades accidentées, à travers les bois profonds.

La plus jeune de ces fillettes, Juliette, était contemporaine de Jacques; l'aînée, Aimée, comptait alors une douzaine d'années. On les trouvait l'une et l'autre assez jolies, ce qui n'a guère d'importance; l'important était que ces fillettes se montraient également douces et bénignes. Jacques les chérissait toutes deux (surtout la mignonne Aimée) presque autant qu'il aimait Pompon.

Or, un après-midi de septembre que ce bruyant Pompon, ce petit Jacques, ces gentilles fillettes et la servante Noémi s'en revenaient d'une excursion relativement lointaine, ils rencontrèrent sur la Grandraille M. Gordes qui descendait à leur rencontre. Visiblement, le brave professeur trépidait, agité d'une émotion insolite. A parler exactement, il ne marchait pas, il ne courait pas non plus, mais il mouvait son corps en une sorte de cadence joyeuse et rapide, ressemblant quelque peu à la primitive bamboula des nègres.

M. Gordes tenait dans sa main droite et montrait avec une ostentation véritablement singulière un petit objet luisant. Un merle blanc? Jamais de la vie! Les merles sont beaucoup plus gros. Un diamant? Non. Les diamants sont plus petits tout de même. M. Gordes tenait dans sa main une cigale en or.

Il venait de recevoir, par exprès, la cigale si patiemment attendue, la glorieuse cigale. En vérité, depuis une heure et demie environ, M. Valentin Gordes était félibre-majoral.

L'heureux homme! Si vaste, si intense s'épanouissait sa béatitude qu'il la communiqua à son élève, à ses filles, à sa servante, comme il l'avait communiquée déjà à M. Maurice, à Chaffre, à Achilesse, à tous ceux qu'il avait vus. Le soir, à table, on ne parla que de cette cigale d'or.

Bien entendu, M. Gordes avait reçu, en même temps que la cigale, un grand nombre de papiers : diplômes et brevets, et circulaires félibresques, avec, comme de juste, traduction française en regard. Et voici que, par l'une de ces circulaires, le nouveau félibre-majoral était fortement prié d'assister à un banquet qui aurait lieu, le dimanche suivant, dans le parc de Saint-Christol, tout près des Nonnains, à dix kilomètres au maximum. De plus, on conseillait à M. Gordes d'amener à Saint-Christol ses parents, amis et connaissances, à leurs frais, s'entend. Le banquet serait bien servi; la circulaire promettait du vin de Châteauneuf-des-Papes, et elle se terminait par cet avertissement honnête : *L'escoutissoun es de très escus de cent sous per tèsto.* Traduction : « L'écot est de trois écus de cent sous par tête. »

Un banquet, présidé par Mistral et auquel assisteront Aubanel, Roumanille, Christian de Villeneuve. Le parc superbe de Saint-Christol comme décor! Du vin de Châteauneuf-des-Papes! Tout cela pour quinze francs par tête. Ma foi, c'est pour rien ! s'écriait M. Gordes.

Et il était si enthousiaste, il fut si insinuant, que M. Maurice, touché de sa joie naïve, accepta de l'accompagner à Saint-Christol.

— Pourquoi Mme Maurice Magardès ne nous ferait-elle pas l'honneur de venir avec nous? suggéra le professeur de plus en plus persuasif.

— Je ne demanderais pas mieux, lui répondit la mère de Jacques. Mais mon état de santé me le permettra-t-il? Depuis la naissance de mon fils, depuis deux ou trois ans surtout, je suis, vous le savez, souffrante un jour sur deux. Enfin, si dimanche j'allais bien...

— Vous nous feriez l'honneur, madame?

— De vous accompagner, cher monsieur.

— Et Jacques? risqua M. Gordes.

— Si ma femme vient, dit M. Maurice, nous le prendrons avec nous; à condition qu'il ne se croie pas obligé de manger pour ses quinze francs, sinon, gare l'indigestion!

Jacques exécuta force gambades en signe d'allégresse, et les heures qui s'écoulèrent, de ce soir-là au soir du samedi suivant, lui parurent interminables.

Le dimanche matin, à peine éveillé, il courut à la fenêtre ; le jour était clair, léger, admirable. Vite, le petit garçon s'habilla et alla frapper doucement à la porte de la chambre voisine.

— Bonjour, maman.

— Bonjour, mon petit Jacques.

— Alors, tu ne dors pas?

— Non, petit nigaud chéri, puisque je te réponds.

— Mais tu as dormi?

— J'ai bien dormi.

— Ainsi tu n'es pas fatiguée? Et...

— Et quoi?

— Et... et... tu vas à Saint-Christol?

— Nous allons tous à Saint-Christol, répondit la voix joyeuse de M. Maurice.

Et, pour la seconde fois dans une semaine, Jacques se livra à une gymnastique forcenée, afin de manifester son bonheur.

Le banquet était annoncé pour midi; on partit des Nonnains un peu après dix heures. Les deux chevaux trottaient vite, Chaffre les conduisait à merveille, en sorte que, lorsque le break arriva à Saint-Christol, les maîtres d'hôtel et les marmitons commençaient seulement à dresser les tables sous les eucalyptus du parc.

— Nous sommes en avance, constata M. Gordes.

Or, Chaffre secoua la tête, et, montrant les marmitons et les maîtres d'hôtel :

— C'est eux qui sont plutôt en retard, me semble.

Puis il alla remiser le break.

Sans doute, les gens de cuisine se trouvaient en retard ; mais, exception faite des Magardès, de Gordes et de deux ou trois bonshommes qui, en habit noir et gantés de blanc, avaient l'air d'employés des pompes funèbres, les invités étaient en retard, eux aussi. Vers midi et demi seulement, ils se décidèrent à arriver, isolément ou par petits groupes, sans se presser. A une heure, M. Maurice, qui mourait de faim, proposa de se mettre à table.

— Impossible, lui répondit-on. Ces messieurs, vous voyez bien, ne sont pas là.

— Ces messieurs ! Quels messieurs ? demanda M. Maurice avec un sourire.

— Ces messieurs donc... M. Mistral !

A une heure et quart, on entendit un bruit de tambourins et de flageolets. Ce bruit précédait ces messieurs ; il précédait M. Mistral.

Impressionné, M. Gordes se découvrit, et, affectant de montrer la cigale d'or agrafée à sa redingote, entre les palmes académiques et le ruban du Mérite agricole, il cria :

— Chapeau bas !

M. Maurice sourit encore.

— Chapeau bas devant l'immortel auteur de *Mireille!* répéta M. Gordes, exultant d'enthousiasme.

Une heure trente-cinq! Enfin on se mit à table.

En fait de mets, en fait de vins, le repas fut quelconque. Comme service, il fut passable. Comme durée, il fut très long. Il y avait là une centaine de convives, tous venus avec l'intention arrêtée de lire des vers félibresques ou de prononcer un discours. Ils en lurent, ils en prononcèrent, interminablement.

Après cette avalanche de poésie et de prose, on entendit sonner quatre heures.

— Est-ce que vous parlerez, vous aussi? demanda tout bas M. Maurice à M. Gordes.

— Je vous avoue que je compte dire quelques mots.

— Alors, allez, parlez tout de suite, cher monsieur Gordes, car je vous préviens que le temps se couvre; nous allons être trempés.

M. Gordes se leva donc. Il se moucha. Violemment ému, on voyait trembler ses mains sur la nappe, et son honnête visage paraissait aussi blanc que ce linge. D'une voix étranglée, il débuta comme tous ceux qui avaient déjà pris la parole; il promit qu'il serait très bref. « Un toast, un brinde, simplement. »

— Aïe! souffla M. Maurice à l'oreille de sa femme; nous en avons pour une demi-heure; l'orage approche; nous sommes sûrs d'être mouillés.

— Bah! qui sait, répondit Mme Magardès. Un coup de vent peut chasser ces nuages.

— Dans tous les cas, je vais avertir Chaffre. Au dernier mot de Gordes, en avant! Nous levons la séance et nous filons.

M. Maurice s'éloigna discrètement pour donner ses ordres ; dix minutes après, il revint ; le break était prêt à partir. Mais M. Gordes parlait encore. Il établissait, entre Mistral et Shakspeare, un parallèle tout à l'avantage du dernier en date de ces poètes. Il comparait *Mireille* à *Roméo et Juliette ;* il affirmait que Mistral aurait pu monter sur la scène, comme Shakspeare ; Mistral possédait une voix admirable ; il n'avait certainement tenu qu'à lui de chanter dans *Mireille*, de même que Shakspeare jouait dans le *Roi Lear*, dans *Macbeth*, etc., etc. Le parallèle n'en finissait plus...

— Gordes, l'orage arrive, nous nous en allons, nous rentrons aux Nonnains sans vous, prononça à demi-voix M. Maurice dans la redingote du trop éloquent professeur.

L'orateur tressaillit, se tut. Il saisit son verre, quitta sa place, et, solennellement, s'approcha de Mistral :

— Je suis obligé de m'éloigner, je suis attendu, expliqua-t-il. Du moins, avant de me séparer de cette tablée glorieuse, je veux boire au génie félibresque. Mesdames et messieurs, je bois au génie félibresque, je bois au génie tout court : à Mistral !

Parmi des applaudissements fougueux, l'auteur de *Mireille* se tourna vers M. Gordes.

— *Gramaci, beu mignot*, prononça-t-il d'un accent chaud et harmonieux ; *gramaci, e que santo estello diègue l'astro de ta jouvènco !* (Merci, mon bel ami ; merci, et que l'étoile sacrée soit l'astre de ta jeunesse !)

Ainsi, Mistral avait daigné considérer M. Gordes comme un jeune homme, comme un tout jeune homme, et il l'avait tutoyé ! M. Gordes, ébloui de joie et d'orgueil, se demandait si, à son

Frédéric! lui cria-t-il; ah! grand Frédéric!

tour, il devait tutoyer Mistral. Réflexion faite, il se borna à l'appeler par son prénom.

— Frédéric, lui cria-t-il, ah! grand Frédéric! désormais entre nous, c'est à la vie et à la mort!

Mistral répéta simplement :

— *Gramaci.*

M. Gordes courut rejoindre les Magardès, sauta en voiture; Chaffre fit claquer son fouet; les chevaux s'élancèrent dans le vent, qui, tout à coup, se mit à souffler en tempête.

Dans le ciel gris fauve, on ne voyait plus le soleil ; l'odeur pénétrante des fleurs de septembre semblait épaissir l'air. Dès le deuxième kilomètre, la bourrasque faiblit; bientôt même, le vent tomba tout à fait. Mme Berthe Magardès se plaignit du parfum des fleurs, qui l'entêtait; elle haletait, comme suffoquée, et une abondante sueur ruisselait sur son visage. En quelques instants, la chaleur était devenue accablante. La couleur du ciel avait changé; des nuages noirs planaient, immobiles, comme d'immenses vautours guettant leur proie ; un silence profond, lugubre, s'épandait sur la campagne; on n'entendait que le roulement métallique du break et le martellement galopant des pieds des chevaux sur la route.

Une exclamation de Chaffre :

— Il vient d'éclairer, je trouve !

Un formidable coup de tonnerre effara le petit Jacques, qui, fermant les yeux, pâle d'émoi, se blottit contre l'épaule maternelle.

— Fouette! enjoignit M. Maurice au borgne.

— Je ne fais que ça, répondit-il.

En même temps, quelques grosses gouttes d'eau s'aplatirent sur la terre.

— Ah! diable de diable! dit encore Chaffre, nous ne sommes qu'à mi-chemin, et voilà que ça commence, il me semble, à... à *dégeler!*

A peine achevait-il sa phrase qu'un véritable cyclone s'avança en tournoyant avec une rapidité terrible. Mᵐᵉ Magardès avait ouvert une ombrelle; l'ouragan la lui arracha des mains, la fit voler au loin. Jacques s'était redressé brusquement.

Je n'ai plus peur, maman.

— Appuie-toi contre moi; ne crains pas de me fatiguer, mon cher petit, lui dit sa mère; contre moi, tu n'auras pas peur.

Mais Jacques répondit, se dominant, se contraignant à être brave :

— Je n'ai plus peur, maman, plus du tout.

On entendit M. Gordes s'excuser confusément :

— Mon Dieu, si j'avais su !... C'est moi qui vous ai mis en retard, mon bon monsieur Maurice... Oh! oh! madame, oh! madame, combien je regrette... du fond du cœur...

Ensuite, on n'entendit plus rien que l'éclat assourdissant de la foudre, le fracas du vent, le tumulte des trombes d'eau. Sans les étincelles électriques, qui ne cessaient de jaillir entre la terre et les nuages, l'obscurité eût été complète. Le borgne ne parvenait à guider ses chevaux qu'à la lumière des éclairs. Et pas une maison en route, pas une cabane où s'abriter !

Quand on arriva aux Nonnains, l'orage tourbillonnait et grondait encore. Mme Berthe Magardès, trempée jusqu'aux os, grelottait et claquait des dents. Son mari, très inquiet, la prit dans ses bras, la monta jusqu'à sa chambre. Elle toussa; une douleur aiguë au côté la faisait gémir. On la frictionna, on la mit au lit. Pauvre femme! Pauvre maman de Jacques!

Elle ne se releva plus.

CHAPITRE VI

LES NONNAINS NE SONT PLUS A NOUS.

Depuis six mois, six mois seulement, on avait porté Mme Berthe, la pauvre morte, sur un brancard enveloppé d'un drap noir à larmes d'argent, jusqu'au cimetière d'Anduze, dans le tombeau somptueux et vaste des Magardès.

En vérité, il n'y avait que six mois de cela, et M. Maurice, Jacques et M. Gordes lui-même ne songeaient encore qu'à leur désolation, lorsque tout à coup le château des Nonnains prit un air de fête inattendu. Des arcs de buis et de fleurs chatoyantes s'élevèrent sur la terrasse et le long de la Grandraille. Comme au premier anniversaire de M. Jacques, comme au banquet fatal de Saint-Christol, on entendit résonner gaiement les tambourins parés de rubans. Le borgne Chaffre agitait un fouet à jolie ganse blanche, et les chevaux portaient à la bride, entre le frontal et l'œillère, de petits bouquets de fleurs d'oranger. Par intervalles, le valet de ferme Luiset allumait dans le jardin des tubes de carton pleins de poudre, qui éclataient avec un fracas joyeux.

L'oncle de Jacques, M. Jean-Paul, se mariait ; une nouvelle Mme Magardès entrait aux Nonnains.

C'était une Nîmoise, une « demoiselle de chef-lieu », une demoiselle Isabeau Mondragon-Bacri, dont la mère, une israélite algérienne restée veuve et convertie au christianisme, tenait dans la vieille ville romaine une hôtellerie florissante, en face de la Maison carrée. Isabeau, qui atteignait sa trentième année, apportait au château une dot de quatre cent mille livres et un trousseau quasi-princier. Achilesse fut littéralement éblouie par la richesse de son linge, par la variété et la magnificence de ses robes, de ses manteaux, de ses chapeaux, voire de ses chaussures.

— Tu ne sais pas, Chaffre, peuchère ! Eh bien, la nouvelle madame possède des jupes comme n'en portent que les plus belles d'entre les fées. Elle possède des souliers à boucles d'argent ; elle en possède même tout en or !

Mais, hochant gravement la tête, le borgne répondait :

— Tu es donc une alouette, il me semble, que tu te laisses prendre ainsi à ce qui brille. Tout ce qui brille n'est pas or.

— Et qu'est-ce que tu veux dire par là, Chaffre, peuchère ?

— Je dis ce que je dis... je trouve.

Et le borgne ajoutait à voix basse :

— J'ai vu ça du premier coup d'œil, moi, j'ai vu ça.

— Quoi, ça ?

Or, Chaffre se refusait obstinément à révéler ce qu'il avait vu. Entre nous, il n'avait rien vu. Simplement, Mme Isabeau lui déplaisait ; elle lui déplaisait d'une manière instinctive et profonde. Il pressentait confusément qu'avec cette femme riche et « voyante » quelque chose de redoutable, de bouleversant, entrait aux Nonnains.

Hélas ! les prévisions du soupçonneux Chaffre devaient se réaliser trop tôt !

A un certain nombre de qualités excellentes, Mme Isabeau

Magardès joignait deux ou trois défauts fonciers, des plus dangereux. Bonne, charitable à l'occasion, elle se montrait pourtant égoïste, altière, brusque et cassante. Qui savait ou voulait la flatter obtenait beaucoup d'elle. Capable, le cas échéant d'une grosse dépense, surtout lorsqu'il s'agissait d'une dépense d'ap-

Qui savait ou voulait la flatter obtenait beaucoup d'elle.

parat, elle était forcément attachée à ses intérêts; elle aimait le gain, non pas plus que tout, certes, mais presque autant qu'elle s'aimait elle-même.

Au fond, elle n'aimait guère son neveu, ce gentil Jacques de qui elle ne comprenait pas le naturel à la fois délicat et fougueux, la sensibilité un peu sauvage et cependant exquise. Elle en voulait à ce pauvre enfant sans mère de ce qu'il ne s'était point réjoui en la voyant s'asseoir à la table du château, à la place que, depuis la mort de Mme Berthe, personne n'avait occupée. Elle en voulait à l'orphelin parce qu'il pleurait quelquefois devant elle, et qu'il était constamment habillé de noir. Elle eût désiré que tout le monde se conformât à ses pensées à elle, se modelât selon ses sentiments ; et, du moment que cette Nîmoise se sentait gaie, le petit Cévenol lui paraissait bien maladroit et bien impertinent de s'absorber dans sa tristesse.

Pour les mêmes raisons, elle ressentait contre M. Maurice une antipathie plus vive encore. Elle trouvait que son beau-frère ne s'occupait point assez d'elle, ne lui dispensait ni les menus compliments, ni les grands hommages, ni les sourires que, riche et belle, elle, Isabeau Mondragon-Bacri, prétendait mériter. Et, par surcroît, elle professait quelque mépris pour cet homme débonnaire, chimérique et faible, qui (elle le savait par son mari, elle le savait par le bon curé de Bagard, elle le savait par l'ignorant Regnaud) achevait de se ruiner.

Eh oui, la ruine ! Il n'était que trop certain qu'après avoir perdu Mme Berthe et le bonheur, Maurice Magardès achevait de perdre ce qui lui restait de fortune.

Jamais la question d'argent ne l'avait préoccupé ni même occupé. Dénué de tout sens pratique, uni à une femme charmante, mais épousée sans dot, il avait placé, presque au hasard, chez un notaire douteux, les deux ou trois cent mille francs hérités de son père. Une somme lui semblait-elle nécessaire, ou seulement agréable à toucher, vite, il la demandait à l'étude. Voilà tout. Procédé commode, qu'il se croyait naïvement en mesure d'employer toute sa vie.

Il éprouva donc une violente surprise quand, peu après la mort de Mme Berthe, son notaire, chez lequel il était venu demander un millier de louis, lui répondit :

— Cher monsieur, je ne puis vous en remettre que huit cents.

— Pourquoi ? fit M. Maurice, tout interloqué.

— Parce que votre compte se solde à seize mille francs.

— C'est-à-dire ?

— C'est-à-dire, spécifia le notaire, que, lorsque je vous aurai versé seize mille francs, nous serons quittes... et, je l'espère, bons amis.

— Alors, voyons, je suis ruiné ? demanda M. Maurice d'une voix étouffée, en fermant à demi les yeux.

Ce jour-là, Jacques avait accompagné son père chez le notaire ; quoiqu'il ne comprît rien à cette conversation des deux hommes, il commença tout à coup à trembler ; et, d'instinct, il courbait la tête.

— Mais alors je suis ruiné ? répéta Maurice Magardès.

Le notaire souffla :

— Ruiné ? Comment, ruiné ? Je souhaite bien que non !

Jacques releva un peu la tête, il ne tremblait presque plus.

Cependant, son père demeurait immobile, rigide, avec un air à la fois douloureux et quelque peu égaré.

L'officier public épluchait de grosses liasses de papiers. A plusieurs reprises, il toussota. Finalement, il rompit le silence :

— Je croyais, j'étais persuadé, monsieur Magardès, que vous connaissiez votre situation. Si jamais je n'y ai fait allusion, c'est par délicatesse ; cela, d'ailleurs, ne me regardait pas. On m'apporte des fonds, on les retire ; rien de plus normal, rien de plus

Alors, voyons, je suis ruiné?

simple ; je n'ai pas à donner de conseils, à moins que l'on ne m'en demande. M'en avez-vous demandé? Non, n'est-ce pas? Vous avez, il y a environ dix ans, déposé deux cent quatre-vingt-huit mille francs dans mon étude. Rien qu'à l'époque où vous avez effectué des réparations aux Nonnains, je vous ai, en cinq mois, remis, contre divers reçus en règle, la somme rondelette de soixante-dix mille francs. Devais-je vous dire que vous aviez le cordon de la bourse bien prompt? Vous m'auriez envoyé au diable, et, parbleu, vous auriez bien fait.

M. Maurice interrompit à voix presque basse :

— En résumé, combien me reste-t-il ?

— Vous devez le savoir mieux que moi, prononça tranquillement le notaire. Tout ce que je sais, moi, c'est que, sur les deux cent quatre-vingt-huit mille francs déposés par vous dans ma caisse, vous avez déjà retiré deux cent soixante-douze mille francs. En voici encore seize mille. Sur quoi, je vous le répète, nous sommes quittes, cher monsieur. Mais, de ce que nous sommes quittes, il ne s'ensuit pas que vous soyez ruiné. Il se peut que vous ayez déposé des fonds ailleurs...

— Non, fit M. Maurice.

Jacques se remit à trembler.

— Il se peut, continua le notaire, que vous ayez par devers vous en portefeuille des actions, des obligations, des...

— Je n'ai rien.

Jacques trembla si fort que la chaise sur laquelle il était assis vacilla.

Après un silence, le notaire dit :

— Il vous reste les Nonnains.

— Les Nonnains ne m'appartiennent pas. La moitié des Nonnains est à mon frère.

— Oui, la moitié, vous dites bien. Mais l'autre moitié est à vous. Vous pouvez vendre, vous pouvez hypothéquer.

— Mon frère n'y consentira jamais.

— Vous avez le droit de passer outre.

Mais M. Maurice se leva, affirmant :

— Je ne veux pas toucher aux Nonnains.

Il serra la main du notaire. Il sortit avec Jacques. Comme, depuis un moment, il marchait sans parler :

— Père, lui dit le petit garçon, il ne faut pas avoir de chagrin ; nous nous arrangerons toujours.

Et, silencieux, retenant ses larmes, Maurice Magardès embrassa longuement son fils.

Quelques mois se passèrent. M. Maurice, pressé par le besoin d'argent, emprunta une dizaine de mille francs à son frère. Peu après, à l'occasion de son mariage avec Mlle Isabeau, celui-ci les lui réclama :

— Te sont-ils vraiment nécessaires, mon bon Jean-Paul ?

— Ils me sont indispensables.

— Alors, je vais hypothéquer.

Et il retourna chez son notaire. Et les Nonnains furent hypothéqués pour une centaine de mille francs. De cette somme, M. Maurice confia la moitié à un spéculateur aventureux, lanceur d'une louche affaire de barytes, dont les directeurs promettaient impudemment soixante-quinze pour cent de dividende.

— En comptant bien, se dit-il, ce placement m'assurera

plus de trente-cinq mille livres de rentes. C'est, ma foi, suffisant pour mon cher petit Jacques et pour moi.

Il signa tout ce qu'on voulut qu'il signât.

Or, lui seul dans le pays ne prévoyait pas que cette affaire de barytes, prometteuse de bénéfices imaginaires, courait à une faillite certaine.

Un matin, l'imprudent Maurice Magardès apprit avec stupeur que, non seulement les trente-cinq mille livres de rentes qu'il espérait étaient définitivement perdues, mais que, de plus, il avait signé tels papiers qui le rendaient responsable vis-à-vis des créanciers de la faillite qui venait d'être déclarée. Un moment il crut qu'il allait devenir fou !

Toute la journée, il erra dans la campagne, oppressé de douleur, n'osant pas révéler son malheur à son frère, fuyant sa belle-sœur, fuyant même son cher petit Jacques, dont le regard affectueux et confiant lui faisait un mal infini.

Pourtant, après la tombée de la nuit, il s'arma de courage, rentra aux Nonnains, et, prenant à part M. Jean-Paul :

— La compagnie des barytes est en déconfiture, lui murmura-t-il, plein d'angoisse.

— Oui, je viens de l'apprendre tout à l'heure, mon pauvre frère, et la nouvelle m'a d'autant plus ennuyé que j'ai entendu chuchoter que tu avais mis là quelque argent. Est-ce vrai ?

— Si c'est vrai ?... Quelque argent ?... C'est-à-dire, mon bon Jean-Paul, que c'est fini... Je suis ruiné !

Il se tut. M. Jean-Paul se taisait aussi.

— Je suis plus que ruiné, reprit M. Maurice lentement. Je me suis engagé à fond dans cette affaire lamentable.

— Tu as répondu? demanda M. Jean-Paul avec un cri.

— J'ai répondu.

L'aîné eut un second cri :

— Malheureux!

Ensuite il interrogea :

— Quel est le passif?

— Trois cent mille.

— Et que comptes-tu faire?

— Payer. Mais avec quoi?

De nouveau, les deux frères se turent.

— Il faut que je consulte ma femme. Je ne puis, je ne dois rien décider sans elle, prononça enfin M. Jean-Paul.

— Soit. Appelle-la, accepta le pauvre homme.

Mme Isabeau étant survenue, ces trois personnes conversèrent jusqu'à une heure fort avancée. A plusieurs reprises, le ton de la conversation s'éleva jusqu'à une violence inouïe.

En vain, M. Jean-Paul essaya-t-il de modérer les emportements de sa femme : les reproches de Mme Isabeau claquaient comme des coups de fouet; M. Maurice se monta à son tour, et, un instant, la vanité de la ci-devant demoiselle Mondragon-Bacri fut mise à une rude épreuve. Mais ce n'étaient là que des paroles vaines, des mots tristes et déplorables.

Ce qui n'était pas que des mots, c'était l'acceptation de M. Maurice, contraint d'abandonner sa part des Nonnains contre le payement de ses dettes.

Se séparant brusquement de sa belle-sœur et de son frère, il alla se jeter sur son lit.

Au point du jour, il entra dans la chambre de Jacques. Celui-

ci, s'éveillant, s'aperçut tout de suite que son père avait pleuré ;
et, caressant, câlin, il lui passa les bras autour du cou.

— Père, supplia-t-il, qu'est-ce qu'il y a? Je ne veux pas que tu aies du chagrin sans moi.

L'infortuné retint à grand'peine un sanglot.

— Tu penses à maman? demanda l'enfant.

— Oui, dit à demi-voix M. Maurice ; et cette pensée, peut-être, adoucit mon autre chagrin.

— Quel autre chagrin, papa?

Le père ne répondant pas :

— Des chagrins d'argent! devina Jacques. Bah! ceux-là ne comptent pas... S'il le faut, je travaillerai, je ferai fortune.

— A neuf ans! dit M. Maurice souriant à travers les larmes. A neuf ans et quatre mois!

Puis, avec un gros soupir, les yeux égarés, la voix tremblante, il gémit :

— Mon pauvre petit, les Nonnains ne sont plus à nous.

CHAPITRE VII

LA BONNE RENCONTRE QUE L'ON FIT DANS UN CAFÉ
DE LA CANEBIÈRE.

Jacques atteignait neuf ans et demi quand, un matin d'arrière-saison, il quitta les Nonnains, en compagnie de M. Maurice, de M. Gordes et de ses filles, de Noémi et du vieux Chaffre. Pour une voiture pleine, c'était une voiture pleine, mais c'était aussi une voiture mélancolique et taciturne ; et, durant le trajet du château à Alais-du-Gard, les voyageurs osèrent à peine se regarder. D'ailleurs, à Alais, ils se séparèrent : les Gordes et leur servante Noémi retournaient habiter Anduze ; le borgne rentrait aux Nonnains ; Maurice Magardès et son fils partaient pour Marseille, où ils n'arrivèrent qu'à la nuit tombée.

Ils descendirent, un peu au hasard, dans un hôtel d'humble apparence, à proximité de la gare. On leur désigna une chambre contenant deux lits, l'un vaste, en acajou, l'autre petit, en fer. Un lavabo au placage gondolé, une commode constellée de taches de bougie et légèrement boiteuse, un miroir ovale, vulgaire, deux chaises au velours rouge et vallonné, enfin un court sopha, éventré et perdant son crin, complétaient l'ameublement de cette pièce tapissée de fleurettes moisies. M. Maurice Magardès promena un regard triste sur ces laideurs ; et, songeant aux beaux meubles, aux glaces larges et gaies, aux tentures charmantes, aux tapis souples des Nonnains, il ne put retenir un soupir.

Mais Jacques déclara d'un ton joyeux :

— La chambre est grande. Nous serons très bien ici, cher papa. Tu vas voir comme nous allons bien dormir.

Il affectait cette tranquillité contente pour consoler son père, mais, au fond, le brave petit garçon se sentait navré.

Vite, il se dévêtit, embrassa M. Maurice, et, feignant de céder au sommeil, il se glissa entre les draps — de coton, hélas ! — sur le lit de fer. Bientôt, il entendit son père se coucher ; puis il l'entendit soupirer plusieurs fois. Dans la nuit, au loin, une horloge sonna. Peu après, dans l'hôtel, beaucoup de pendules tintèrent, annonçant deux heures du matin. M. Maurice avait éteint la bougie, et il dormait. Tout le monde dormait dans l'hôtel à l'exception de Jacques dont le cœur palpitait très fort de curiosité et surtout d'angoisse...

Marseille ! Qu'était cette grande cité inconnue que son père avait choisie comme lieu d'exil ? Y serait-on heureux ?

Perplexe, le petit garçon, malgré la lassitude du voyage, ne parvenait pas à s'endormir, mal à l'aise dans cette chambre dont la médiocrité contrastait douloureusement avec le confort des Nonnains. Trois heures furent carillonnées par l'horloge lointaine, puis par les pendules de l'hôtel. A ces tintements succéda un profond silence.

— Que venons-nous faire à Marseille ? se demandait tout bas le pauvret. Vivrons-nous toujours ici, dans cet intérieur étroit et morose ? Papa ne m'a rien dit de notre existence nouvelle ; or, bon comme je le connais, s'il s'est tû, c'est qu'il n'a rien d'agréable à m'apprendre. Il paraît qu'il faut avoir de l'argent pour avoir du bonheur, et je sais que nous n'avons presque plus d'argent. Je n'ignore pas qu'en travaillant on peut en gagner. Mais travailler à quoi? Quel métier exercera mon père? Et moi, me ferai-je maçon? Deviendrai-je menuisier? Ou bien partirai-je sur la mer, avec des filets, afin d'attraper des crabes, des langoustes et de gros poissons?

Cette idée, qu'il deviendrait peut-être pêcheur, loin d'épouvanter Jacques, le réjouissait presque. Emporté par la rapide imagination des enfants, il lui semblait qu'il n'avait qu'à lancer son filet comme cela (crac! il faisait le geste) pour ramener dans son bateau toute une pêche miraculeuse. Alors, il réservait les soles, les homards, les huîtres — tout ce qu'il y avait de mieux! — pour son père et pour lui; et, le reste de la pêche, il le chargeait sur son dos, il l'apportait au marché et il le vendait tout de suite à une harengère. En sa songerie puérile, il croyait se voir au marché.

— Combien, mon petit pêcheur?

— Mille francs, madame.

— Les voici.

Jacques croyait prendre les mille francs illusoires (crac! il faisait encore le geste), et, consolé par ces rêves d'opulence, il s'endormit avec un sourire.

De bonne heure, M. Maurice le réveilla. Tous deux s'habillèrent, et ils quittèrent leur triste hôtel pour visiter la ville.

Après un déjeuner modeste, ils se rendirent, vers deux heures, rue Pavé-d'Amour, non loin du vieux port, chez le directeur d'une Compagnie de navigation, M. Boucher-Bouchore, à qui le père de Jacques apportait une lettre de recommandation signée : *Valentin Gordes, félibre-majoral.*

M. Boucher-Bouchore, qui s'enorgueillissait, lui aussi, du titre de félibre-majoral, reçut fort aimablement M. Magardès,

Le père de Jacques apportait une lettre de recommandation.

très désireux et très empressé d'obliger le visiteur que lui envoyait son collègue en félibrige.

— Voyons, monsieur, que puis-je faire pour vous? Voulez-vous naviguer? Préférez-vous entrer dans mes bureaux?

— Mon Dieu, monsieur, à votre gré, répondit doucement le père de Jacques. J'accepte d'avance, avec reconnaissance, l'emploi que vous me choisirez.

— Soit, mais encore est-il bon que je sache à quel emploi vous appellent vos aptitudes et vos goûts.

— Hélas, mes goûts, comme mes aptitudes, sont modérés, extrêmement modérés, avoua le pauvre homme avec un léger soupir.

M. Boucher-Bouchore tendit une petite boîte de cigarettes :

— Fumez-vous, monsieur Magardès?

Prenant une cigarette, M. Maurice sourit tristement :

— C'est presque tout ce que je sais faire.

A son tour, l'armateur sourit :

— Certes, dit-il, j'aime beaucoup cette franchise. Par malheur, en ce moment les fonctions de fumeurs se font rares, à Marseille, du moins. Oh! si vous habitiez Paris, vous pourriez remplir ces fonctions dans les bureaux du gouvernement. Et, au bout de quelque temps, on vous décorerait!... Oui, oui, des emplois de fumeurs, il n'y a plus que l'État qui en donne.

Il se frotta les mains, les mit dans ses poches, fit quatre ou cinq pas à droite, puis quatre ou cinq pas à gauche, et vint se rasseoir auprès de M. Maurice silencieux.

Jacques, debout, se tenait près de la fenêtre, affectant de s'intéresser au spectacle de la rue. Mais il ne pouvait pas s'empêcher d'écouter la conversation de son père avec l'armateur, et, malgré son tour léger et souriant, ce dialogue lui faisait mal. Des yeux du petit garçon sortaient parfois de grosses larmes, qu'il écrasait furtivement sur ses joues.

— Plaisanterie à part, reprit M. Boucher-Bouchore, aidez-moi, monsieur Magardès, à vous choisir une fonction que, par pure modestie, j'en suis persuadé, vous ne voulez pas choisir vous-même. Voyons, j'ai sur *le Vaxelaire*, qui fait le service d'Alger, un emploi vacant de médecin ; cet emploi vous conviendrait-il ? Êtes-vous médecin, cher monsieur ?

D'un mouvement de tête, M. Maurice signifia qu'il n'était pas médecin.

L'armateur continua :

— J'ai, à bord de *l'Aiglon*, qui fait le service de la Corse, une place également disponible, une place de second. Connaissez-vous, monsieur Magardès, l'art de la navigation sur mer ?

Autre signe de dénégation de M. Maurice.

— Diable ! exprima avec regret M. Boucher-Bouchore, il va falloir, alors, que vous vous contentiez d'une place dans les bureaux. Connaissez-vous la comptabilité ?

— Non, monsieur, dit le père de Jacques de plus en plus confus.

Alors, l'armateur prononça de ce ton lent et grave qu'il convient d'employer dans les occasions difficiles de la vie :

— Oui, je sais... M. Gordes m'écrit que vous avez eu des revers de fortune. Vous viviez de vos rentes, vous n'aviez besoin de rien faire, de rien apprendre. Et, je l'admets... je le comprends, vous... vous n'avez rien appris.

M. Maurice se taisait. Alors, s'éloignant de la fenêtre, Jacques alla droit à l'armateur.

— Pardon, monsieur ! dit-il avec une effervescence ingénue, touchante de conviction, pardon ! Mon père a appris la peinture.

— La peinture ?

Amusé de cette intervention aussi fougueuse qu'imprévue

du petit garçon, M. Boucher-Bouchore ne put réprimer un sourire. M. Maurice souriait aussi, avec mélancolie. Mais, secouant hardiment sa jolie petite tête décidée, et se rapprochant davantage de l'armateur, Jacques affirma :

— C'est très sérieux.

Aimablement, M. Boucher-Bouchore caressa un instant de la main droite la chevelure de l'enfant. Ensuite, s'adressant à M. Maurice.

— Bien vrai, vous êtes peintre? demanda-t-il, les sourcils légèrement relevés.

— Peintre, ce serait peut-être beaucoup dire. La vérité est que j'ai fait de la peinture : j'ai fréquenté pendant deux ou trois ans, à Paris, l'atelier d'Auguste Boulard; comme tout le monde, j'ai envoyé quelques toiles au Salon, et...

— Et... elles ont été reçues?

— Oui, certainement, oui, monsieur! s'écria Jacques.

— Elles n'en étaient pas meilleures pour cela, déclara M. Maurice avec un petit hochement d'épaules tout à fait désabusé.

Mais l'armateur se leva, énonçant :

— Jusqu'à preuve du contraire, vous me permettrez d'en douter.

Puis, il parut réfléchir pendant quelques secondes.

— Quel genre de peinture? interrogea-t-il brusquement.

— Ma foi, monsieur, chez Boulard, il fallait pratiquer un peu tous les genres. Le maître peignait des portraits, des paysages, des marines; il voulait qu'on fît comme lui.

De nouveau, M. Boucher-Bouchore prit un air méditatif; et,

tout à coup, il dit en se frappant le front comme quelqu'un qui vient de résoudre un important problème :

— Des portraits ! Des marines ! Eh bien, monsieur Magardès, je viens de vous trouver une occupation admirable : vous ferez le portrait de mes bateaux.

A ces mots, Jacques se frotta les mains de joie et il décocha sur l'armateur une œillade triomphante toute pleine de reconnaissance. En revanche, les yeux, la bouche de M. Maurice s'arrondirent, témoignant une intense stupéfaction.

— Comment, le portrait de vos bateaux ?

Avec une petite tape amicale sur l'épaule du peintre, M. Boucher-Bouchore expliqua :

— Cher monsieur, vous allez me comprendre. J'ai, dans la salle du conseil d'administration, les photographies de mes sept vapeurs et de mes onze voiliers. Depuis longtemps, je nourris le désir de remplacer ces photographies par des peintures. Je vais faire acheter des couleurs, des pinceaux, des palettes, des chevalets, des toiles. Dès demain, revenez ici, et vous vous mettrez à l'ouvrage; vous commencerez par le *Vaxelaire*. Je vous donnerai mille francs par mois.

Sans laisser à M. Maurice, que la joie étouffait, le temps de répondre, il l'accompagna jusqu'au seuil de la porte, lui serra vivement les deux mains, tapota affectueusement la joue droite de Jacques, pirouetta sur son talon gauche et rentra dans son cabinet en fredonnant un petit air guilleret.

A peine dans l'escalier, sans échanger un mot, le père et le fils s'embrassèrent avec une tendresse plus éloquente que toutes les paroles. Puis, l'âme ensoleillée, ils se remirent en route pour chercher un logement à la fois moins cher et moins maussade que leur hôtel.

Après avoir traversé deux ou trois rues, ils débouchèrent sur la Canebière, juste en face d'un café de luxueuse apparence à la terrasse duquel des gens bruyants absorbaient des glaces multicolores. Le peintre remarqua que Jacques regardait ces gens, ou plutôt ces glaces, avec une certaine convoitise, et, piquant droit sur le café, il s'approcha d'une table libre.

— Eh bien, petit, nous ne serons pas mal ici, dit-il avec tendresse. Qu'en penses-tu ? Reposons-nous un peu.

Ensuite, il commanda deux glaces au citron.

— Délicieuse ! proclama Jacques en entamant la sienne et en grimaçant de plaisir.

Installés là depuis quelques minutes à peine, ils avaient certainement prononcé déjà plusieurs fois le nom des Nonnains, car, brusquement, un consommateur assis à une table voisine se pencha vers M. Maurice et lui demanda du ton le plus courtois, mais avec une brièveté nette qui décelait l'homme habitué à commander.

— Pardon, monsieur, de quels Nonnains parlez-vous, s'il vous plaît ? Est-ce des Nonnains-Magardès ?

— Oui, monsieur, répondit le père de Jacques, tout surpris.

— J'ai passé là-bas d'adorables heures, dit l'homme au ton poli mais sec. Le père Magardès fut le plus charmant, le meilleur de mes camarades ; que le bon Dieu ait son âme ! Savez-vous ce que sont devenus ses deux fils ?

De plus en plus ébaubi, les pensées un instant confuses :

— Quels fils ? souffla le peintre de bateaux.

Maurice, s'écria-t-il, il faut que je t'embrasse!

— Eh ! par ma foi, Jean-Paul et Maurice !

— Je suis Maurice, fit M. Magardès. Jean-Paul est resté aux Nonnains.

Alors, l'inconnu se leva avec une grande véhémence, et, les bras ouverts, l'air comme fou :

— Maurice, s'écria-t-il, il faut que je t'embrasse ! Ce ne sera pas la première fois, va ; je t'ai mille fois embrassé lorsque tu étais petit. Mais tu ne me reconnais pas ; je suis...

Il n'eut pas besoin de se nommer.

— Vous êtes le capitaine Pagliani, interrompit M. Maurice, rougissant d'une émotion joyeuse. Tout à l'heure, je n'y étais pas... comment eussé-je pu prévoir cette rencontre, cette bonne chance ?... Maintenant, je vous reconnais. Vous n'avez pas changé, capitaine.

— Pas changé ? Flatteur ! s'exclama Pagliani. Hélas ! j'ai tellement changé que tu m'appelles capitaine, et que, le mois prochain, je serai général.

Ensuite, désignant Jacques :

— C'est ton fils ?

— Oui, capitaine.

— Je t'ai dit que je ne suis plus capitaine.

— Oui, mon général, c'est mon fils.

— « Mon général », comme tu y vas !... Je t'ai dit que je ne serai général que le mois prochain.

— Alors, colonel, je vous présente mon fils Jacques.

Et, de la façon qu'il avait embrassé le père, le colonel embrassa le fils, longuement, tendrement.

Après quoi, il s'informa d'un ton bref :

13

— Depuis quand à Marseille ?

— Depuis hier.

— Alors, pas encore de domicile ? Fort bien ! Vous descendez tous deux chez moi.

— Mais...

— Pas de « mais ». Tu sais bien que je commande. Et pour combien de temps ici ?

— Peut-être pour toujours, murmura M. Maurice.

Alors le colonel, d'un accent péremptoire :

— Excessivement bien ! Vous resterez toujours avec moi.

CHAPITRE VIII

PETITS SECRETS ET GRANDES JOIES.

En vain, par délicatesse, Maurice Magardès avait essayé de faire valoir vingt motifs pour refuser l'hospitalité illimitée qui lui était offerte, imposée, par le colonel. Il avait fallu obtempérer aux ordres de ce bon et brave officier, certes aussi doux qu'un mouton, mais un peu plus entêté qu'une mule. On était donc allé prendre les valises et les malles laissées dans le chétif hôtel pour les transporter là-bas, à l'autre extrémité de Marseille, vers la promenade du Prado, dans la villa charmante qu'habitait l'excellent Pagliani.

En somme, le colonel n'avait guère jusque-là occupé que le rez-de-chaussée. Garçon, vieux garçon, les quatre pièces qui donnaient de plain-pied sur le jardin suffisaient amplement à sa seule personne et à ses goûts simples. Le premier étage fut donc tout entier dévolu à M. Magardès et à Jacques; ils s'y trouvèrent à merveille. De leurs fenêtres, ils voyaient des arbres splendides qui leur rappelaient, sans éveiller en eux trop de tristesse, les chers marronniers des Nonnains, et ils jouissaient, en outre, d'un inoubliable spectacle, passant en beauté les plus splendides vues que l'on puisse admirer d'un château cévenol : ils apercevaient, à travers des échappées de feuillage, la vaste et douce Méditerranée.

Chaque matin, M. Maurice se rendait rue Pavé-d'Amour, et, un pinceau dans la main droite, la palette au poing gauche, il s'asseyait devant un chevalet soutenant une immense toile, près d'un autre chevalet sur lequel s'étalait une grande photographie : le portrait du *Vaxelaire* était commencé.

Le peintre professait peu d'estime pour son œuvre.

— Ah ! si le père Boulard me voyait, pensait-il parfois, je crois bien qu'il me tirerait les oreilles. Non seulement le travail que je fais est indigne d'un artiste, mais encore je le fais mal. A vingt ans, saperlipopette, je *pignochais* mieux qu'aujourd'hui ; je suis rouillé. Mais, bah ! je m'y remettrai. Et puis, il ne faut pas être, en ce bas monde, plus royaliste que le roi (surtout quand on est en République) ! Or, M. Boucher-Bouchore se déclare content ; il se proclame même émerveillé, M. Boucher-Bouchore ! Encore si, en me payant, il me condamnait à garder ces misérables toiles, je ne dis pas, je pourrais peut-être hésiter à continuer ce métier ; mais non, il conserve mes tableaux, mes horreurs. Lorsque je les aurai terminés, Dieu merci, je ne les verrai plus jamais. Allons-y donc !

Et en avant le bleu de Prusse ! Encore, toujours du bleu de Prusse !

Ce n'est pas que M. Maurice affectionnât cette couleur que, justement, son maître Auguste Boulard abhorrait. Mais on ne peut pas s'imaginer tout le bleu de Prusse qu'il faut pour représenter un navire sur la Méditerranée. Deux, trois, quatre gros tubes de bleu de Prusse y passaient chaque matin.

M. Maurice allait prendre le repas de midi au Prado, entre son fils et le colonel. Le café bu, il retournait, rue Pavé-

Et en avant le bleu de Prusse!

d'Amour, vider encore deux, trois, quatre gros tubes de bleu de Prusse. Et, le soir, en s'asseyant de nouveau à la table de la villa toute lumineuse et joyeuse :

— Ah ! colonel, disait-il en riant, ce n'est pas pour le roi de Prusse, c'est pour le bleu de Prusse que je travaille !

Il répétait sa plaisanterie si gaiement que le petit Jacques et l'hospitalier Pagliani, auditeurs peu difficiles, riaient aussi de tout leur cœur.

Les bons repas que c'étaient là : mets succulents, vins parfumés et chaudes sympathies !

— J'ai presque oublié les Nonnains, disait parfois le peintre avec sincérité.

A quoi le colonel Pagliani répondait avec fougue :

— J'ai presque retrouvé ton père.

Alors il expliquait :

— Par ma foi, oui, il avait à peu près l'âge que tu as aujourd'hui, lorsque j'étais en garnison à Alais, et c'est l'époque où nous nous sommes le plus vus. Je dis : « En garnison à Alais », je devrais dire : « En garnison aux Nonnains. » Grand Dieu, quels bons coups de *blanquette* j'y ai bus ! Et quels bons coups de fusil j'y ai tirés sur de jolis lièvres ! Une fois, entre autres, une fois...

Or, quand le brave et original colonel prononçait : « Une fois... », de même que quand M. Gordes promettait d'être bref, on pouvait s'attendre à un récit d'au moins une heure. Au reste, les aventures qu'il racontait ne manquaient pas de drôlerie et (comment n'eussent-elles pas intéressé M. Maurice et Jacques ?) elles se passaient aux Nonnains.

Sa narration terminée, le colonel embouchait un clairon, un vrai clairon, et il sonnait la retraite.

— Je la sonne comme un tambour, disait-il, soit ; mais je la sonne.

On s'embrassait, et on allait dormir.

Trente jours s'écoulèrent ainsi, dans la tranquillité et dans la joie.

Le soir de ce trentième jour, M. Maurice et le bon colonel Pagliani semblaient encore plus joyeux que de coutume, et, chose singulière ! en même temps qu'ils paraissaient plus joyeux, les deux amis avaient l'un et l'autre une expression de physionomie apprêtée et mystérieuse. Dès qu'on eût servi le potage :

Et il sonnait la retraite.

— Je vous confierai un petit secret au dessert. Vous m'y ferez penser, n'est-ce pas, colonel ? suggéra M. Maurice.

— Tiens, comme ça se trouve ! répliqua Pagliani. J'ai, moi

aussi, gardé pour le dessert un petit secret tout frais et tout neuf. Fais-moi songer à te le glisser dans l'oreille.

— Ça vous amusera, colonel.

— Ça t'enchantera, Bleu-de-Prusse.

Jacques osa demander, le nez gonflé de curiosité, les mains jointes :

— Oh! mon cher papa, oh! mon gentil colonel, parlez tout de suite, je vous en prie, quoiqu'on n'en soit qu'au potage.

— Faut-il? hésitait M. Maurice ; on a dit : « Au dessert. »

— Il y a moyen de tout arranger, fit Pagliani.

Coupant une poire en trois morceaux, il en offrit un au peintre, un autre à Jacques, et, reculant son assiette à soupe, il mordit dans le troisième morceau.

— Soit, dit-il, maintenant que nous mangeons le dessert... Bleu-de-Prusse, je t'écoute ; confie-moi ton petit secret.

M. Maurice déboutonna son veston, prit son portefeuille, l'ouvrit, en retira un billet de banque de mille francs. Tout à coup, des larmes lui vinrent aux yeux. Il se dressa, saisit Jacques dans ses bras, le souleva comme au temps où l'enfant était tout petit, et l'embrassa, en disant :

— M. Boucher-Bouchore m'a payé mon premier mois. Mille francs, je sais bien que ce n'est pas le Pérou; mais ça me remue le cœur parce que c'est le premier argent que je gagne !

Pagliani s'était aussi levé.

— Ah! ah! Maurice, s'écria-t-il, c'est la première fois que tu gagnes de l'argent? Eh bien, moi, moi... sapristi! moi...

A son tour, il sentit des pleurs picoter ses paupières ; ses jambes tremblèrent une seconde ; sa voix s'entrecoupa :

— C'est ridicule, grommela-t-il, j'ai failli pleurer, moi...

Il s'interrompit, se versa un verre de vin qu'il tarit d'une seule grande gorgée, et, furieux d'être si profondément ému, il asséna sur la table innocente un énergique coup de poing. Ensuite, effaçant les épaules, le regard bien droit, comme à la parade, il dit d'une voix nette et claire, voire claironnante :

— C'est la première fois que tu gagnes de l'argent? Et moi, c'est la première fois que je suis général !

Jacques s'échappa des bras de son père et bondit dans ceux du vieux soldat avec un cri d'allégresse :

— Oh ! mon gentil général !

Redoublant ses exclamations, il allait, venait, courait autour de la table, distribuait des baisers :

— Oh ! mon cher papa ! Oh ! mon gentil général ! Et tout cela, le même soir ! Que Dieu est bon ! Quelle joie ! Quelle gloire !

Et lui, du moins, n'essayait même pas de retenir ses larmes heureuses.

— Rien n'ouvre l'appétit comme les émotions, observa soudain Pagliani. Ma parole, je meurs de faim. Nous avons pris notre dessert. Si nous avalions notre soupe?... Maurice, à la santé de tes mille francs !

— Général, à la santé de vos étoiles !

CHAPITRE IX

LES BAINS DU PAVILLON D'ARGENT.

A la rentrée d'octobre, on mit Jacques au lycée.

Du lycée de Marseille au Prado, la distance est assez longue :

Ce break était pour Jacques un sujet d'émulation.

une bonne demi-heure à pied. Mais, en break !... Or, quatre fois par jour, le break du général haltait devant la grande porte des externes, amenant Jacques ou venant le chercher. Attelé de deux alezans vites, conduit par un « tringlot » aux moustaches triomphantes, ce break était pour Jacques un sujet d'émulation autant que d'orgueil. Il pensait qu'un « potache » qui va en pareil équipage réciter six vers des *Métamorphoses* d'Ovidius Naso doit savoir cette demi-douzaine d'hexamètres sur le bout du doigt ; il pensait qu'il serait malséant que le break d'un général servît à véhiculer un de ces écoliers paresseux ou ignares qu'on surnomme des *cancres*, à cause, sans doute, de la dureté de leur entendement, comparable à la dureté de la carapace d'un crabe. C'est pourquoi le fils de M. Magardès s'évertuait à imiter, à surpasser les plus intelligents, les plus zélés de ses camarades ; et, comme il avait de la bonté et même un certain sentiment de la justice, il lui arrivait de faire monter à côté de lui, dans le fameux break, pour les reconduire jusqu'à leurs domiciles, ceux de ses rivaux qui, aux jours de composition, avaient mérité une place ou meilleure ou à peine moins bonne que la sienne. D'autres fois, c'était Pagliani qui s'asseyait auprès de Jacques, le général en personne et en grande tenue, s'il vous plaît ! Le long de la route, on croisait des soldats, des officiers à cheval, qui saluaient avec respect ; bien cambré, la bouche souriante, mais le geste toujours un peu sec, le général rendait les saluts. Jacques levait son petit chapeau de feutre, et le bonheur brillait dans ses yeux.

Le garçonnet travailla si bien qu'il réussit à obtenir tous les premiers prix, y compris celui de gymnastique.

— Même celui-là ! s'écria M. Maurice tout épanoui, tout fier du succès de son cher enfant... même celui-là !

Mais Pagliani, qui assistait également à la distribution des prix, le général Pagliani proclama :

— C'est un des meilleurs !

Et la jolie villa du Prado fut joyeuse tout l'été.

Hélas ! voici que, par un après-midi de fin septembre, fort beau quoiqu'un peu venteux, les trois hôtes de la villa, se promenant à pied le long du merveilleux chemin de la Corniche, passèrent devant un établissement de bains, coquet, pimpant : *le Pavillon d'argent.*

— Tiens, si nous allions nous baigner? proposa tout à coup M. Maurice.

— A ta fantaisie, répondit le général.

Ils entrèrent.

Cependant, voyant la mer assez agitée, ils décidèrent que Jacques ne se baignerait pas et attendrait, sur la terrasse du *Pavillon d'argent,* que son père et le général, l'un et l'autre excellents nageurs, eussent terminé leurs plongeons.

Depuis une dizaine de minutes, les deux amis s'ébattaient dans l'eau ; et, comme ils s'aventuraient assez loin vers le large, le gros maître baigneur, qui semblait soucieux, les avait prévenus deux ou trois fois que la mer, déjà peu sûre, pouvait, d'un instant à l'autre, devenir tout à fait périlleuse.

Malheureusement, le bruit du vent et des vagues avait couvert la voix inquiète de l'avertisseur que les nageurs ne pouvaient entendre. Quant à Jacques, tout plein de confiance dans le jugement et dans les forces de son père et de son gentil général, il les voyait se risquer au loin, sans ressentir le moindre sentiment de crainte à leur égard. Il s'était fait servir un verre de grenadine, et le vidait lentement, insoucieusement, cependant que le maître nageur bougonnait des paroles indistinctes et perdait son temps à grogner au lieu de mettre, comme son devoir le lui ordonnait, un canot à la mer.

Soudain, un cri d'effroi retentit, poussé par une jeune femme qui s'accoudait sur la balustrade de la terrasse.

— Qu'est-ce que c'est? demanda-t-il en sursautant.

Elle répondit, toute pâle :

— Ce sont deux hommes qui se noient.

Le pauvre petit garçon, terrifié, se précipita vers elle.

— Tenez, voyez, lui dit la jeune femme, en montrant M. Maurice et le général, qui, ballottés par de grosses lames, luttaient en vain contre elles et s'épuisaient inutilement à revenir vers la plage.

Jacques, le cœur écrasé d'angoisse, regardait fixement la mer, les mains crispées à la balustrade, sans pouvoir prononcer une parole.

Non loin de l'endroit où les vagues, se croisant, se chevauchant, s'acharnaient à retenir les malheureux, un petit îlot se dressait, couvert de coquillages, rongé par l'eau et par le vent, tout hérissé de pointes redoutables.

— Au moins, s'ils pouvaient atterrir là! soupira la jeune femme.

Le fait est que, maintenant, les efforts du général et du peintre semblaient tendre à se rapprocher de l'îlot; et, énergiquement, désespérément, les deux hommes continuaient à lutter de toutes leurs forces contre l'assaut incessant et furieux des vagues brisantes.

En même temps, des cris grondaient sur la plage, dans tout l'établissement subitement envahi par une foule de promeneurs bouleversés. On huait l'indignité du maître baigneur qui refusait de se porter au secours des deux hommes.

— Je les avais bien prévenus, répondait le gros poltron. La mer est trop terrible! Il n'y a rien à faire! Que diable, ce n'est pas ma faute! ajoutait-il avec des gesticulations frénétiques.

Mais, vite, les cris se changèrent en menaces. Quelques galets commencèrent à siffler dans l'air; si bien que, craignant, non sans raison, d'être lapidé par la foule, le lâche, armé d'engins de sauvetage, finit par sauter dans une barque, jura, et rama vers l'îlot.

Sur la terrasse, la jeune femme ne cessait de pousser des exclamations étouffées. Au moment où une vague plus terrible s'écroulait sur les deux infortunés, la spectatrice se tourna vers Jacques, et son regard rencontra les yeux du petit garçon. Que vit-elle dans ces yeux-là? La nette vérité, sans doute, car, toute frissonnante, la tête inclinée, les mains jointes :

— Rassurez-vous, je vous en supplie, mon enfant; ne craignez rien, plus rien pour votre père. Enfin, on se hâte à son aide. Un peu de calme, allons, ces messieurs sont sauvés!

La barque s'avançait promptement. Du reste, Pagliani et M. Maurice avaient réussi à nager jusqu'à l'îlot; néanmoins, ils essayaient, sans y parvenir, de grimper sur la roche aux aspérités redoutables et aux coquillages tranchants. A chaque seconde, ils étaient culbutés par le remous; et on devinait qu'à chaque tentative nouvelle ils s'ensanglantaient les mains et tout le corps contre les pierres coupantes, et que leurs dernières forces s'épuisaient.

Déjà, la barque arrivait tout près d'eux, et le maître baigneur s'apprêtait à leur lancer une bouée de liège, quand une immense montagne d'eau se rua, submergeant l'îlot, les deux hommes, et repoussant au loin l'embarcation.

Une grande rumeur d'épouvante s'éleva du *Pavillon d'argent*, courut sur la plage.

C'était fini, tout à fait fini !

Fini ? Mais non ! La vague colossale, au lieu d'engloutir les deux hommes, les avait sauvés, émergés du moins, les portant sur l'îlot. Or, du rivage, la foule émue constatait que le plus jeune des nageurs ne remuait plus, tandis que l'autre, gardant un reste d'énergie et de vigueur, se penchait sur son ami, paraissait le frictionner, l'ausculter... l'embrasser !

Était-ce une accolade suprême ? Était-ce le baiser d'adieu ?

— Mon père est mort ! gémit éperdument Jacques.

Il se renversa, les dents serrées, les yeux clos, et tomba dans les bras de la jeune femme qui sanglotait d'émotion, évanoui.

Cependant, et presque tout d'un coup, la mer se calmait. La barque put bientôt, et sans trop de peine, aborder à l'îlot sur lequel Pagliani soulevait M. Maurice Magardès, immobile. On étendit ce dernier dans l'embarcation et l'on regagna la rive.

Un médecin militaire se trouvait sur la plage, au premier rang des curieux, attendant. Armé d'une jumelle, il avait reconnu le général ; il s'élança au-devant de lui.

— Mon général, vous êtes blessé... vous saignez ; appuyez-vous sur mon bras.

Mais Pagliani lui répondit avec un geste de désespoir :

— Je n'ai que des égratignures. Laissez. Voyez vite mon pauvre ami. Son front a heurté sur la roche. Je crois que...

Mon père est mort! gémit éperdument Jacques.

Et, les dents serrées, s'efforçant de retenir ses larmes, il se dirigea vers sa cabine tout seul, d'un pas rapide et mal assuré, pour reprendre ses vêtements.

Il ressortit presque aussitôt, sans cravate, le chapeau de soie posé en bataille, la longue redingote non encore boutonnée.

— Eh bien, interrogea-t-il d'une voix sourde.

— Eh bien, mon général, commença le médecin militaire. Hésitant, il s'interrompit.

— Parlez donc! Brutalement, la vérité! Je ne suis pas une femmelette.

— Mon général, votre ami est mort.

— Hum! La blessure à la tempe?

— Oui. Il a été tué net.

Le général fronça les sourcils, crispa les narines ; et, les bras croisés, les jambes écartées, horriblement pâle, il regardait le cadavre, en silence. Tout à coup, il se rappela :

— Et Jacques? Ah! mon Dieu, ce pauvre enfant!

Ensuite, il réfléchit une seconde.

— Docteur, dit-il, d'un accent bref et avec ce geste qui commande, je vous confie le corps de mon ami. Vous le conduirez au Prado, à mon domicile ; sans doute, je serai là pour le recevoir. Si je n'étais pas arrivé encore, laissez le corps au rez-de-chaussée ; oui, déposez-le sur mon lit.

Puis il se précipita sur la terrasse. Il trouva Jacques encore évanoui ; et, le pressant sur son cœur, il l'emporta dans un fiacre. Vingt minutes après, il descendait au seuil de la villa naguère si joyeuse ; il monta le pauvre petit Cévenol au premier étage, le déshabilla, le coucha.

Peu après, le médecin militaire survint avec le corps du pauvre Maurice Magardès.

La nuit était depuis longtemps tombée lorsque Jacques sortit de son évanouissement. Pendant des heures et des heures, il demeura presque sans mouvement, la bouche ouverte, les yeux fixes, comme hébété.

Et, le surlendemain, M. Jean-Paul Magardès, qui avait été prévenu par un télégramme de Pagliani, arriva dès le point du jour. Il venait chercher le corps de son frère et emmener son neveu Jacques, là-bas, au château natal.

Adieu, général, peut-être pour toujours!

— Adieu, chère villa du Prado. Adieu, général. Qui sait, hélas (les Nonnains sont si loin)... Adieu, général, peut-être pour toujours!

CHAPITRE X

LA PREMIÈRE LETTRE DE JACQUES AU GÉNÉRAL PAGLIANI.

Il y a plusieurs semaines déjà que je désire vous écrire, excusez-moi si je ne l'ai pas fait plus tôt : j'ai essayé; je n'ai pas pu. Même, excusez-moi aussi, mon gentil général, si, aujourd'hui, il se glisse dans ma lettre quelques idées incohérentes. Ma tête, qui s'était perdue, comme évaporée, le jour de la mort de mon père, n'est pas encore bien solide. Hier, j'ai essayé de lire : dès la deuxième page, je ne comprenais plus rien de ce que je lisais.

Je crois bien qu'il eût été préférable, peut-être, que ma tête restât à jamais perdue. Quand on est idiot, on n'est pas malheureux. Voilà, ce soir, un mois écoulé depuis l'affreuse catastrophe du *Pavillon d'argent*, et il me semble cependant qu'il n'y a que deux ou trois jours que le bon Dieu m'a repris mon cher et si aimé papa. Dans tous les cas, il n'y a que deux ou trois jours que je vois toute l'horreur de cette séparation, et ma douleur s'avive davantage à chaque instant, me paraît-il. J'essaye de retenir mes larmes, car ma tante Isabeau n'aime pas les visages tristes, mais, malgré moi, elles jaillissent, et j'ai les yeux rouges et tout gonflés. Alors, ma tante s'éloigne de moi en haussant avec ennui les épaules.

Ce n'est pas que ma tante Isabeau soit une personne méchante. Je suis sûr qu'elle veille à ce que je ne commette pas d'imprudences et que je ne manque de rien. Seulement — je le répète, mon bien cher général — elle a un caractère très gai, elle chante, elle rit, et, pour lui plaire, il faudrait rire, il faudrait chanter comme elle. Cela, je ne le puis pas, je ne le dois pas, je ne le veux pas.

D'ailleurs, ici, tout le monde se montre, en somme, affectueux à mon égard. J'ai retrouvé Achilesse et le vieux Chaffre tels que je les avais quittés. Dès que j'ai l'occasion de les approcher, je vais converser avec eux, et, dans nos entretiens, le nom de ma mère revient souvent, le nom de mon père revient toujours. Parfois, aussi, ces bons serviteurs me parlent de mon grand-père, que je n'ai pas connu, vous le savez, mon général, mais que vous aimiez tellement, que vous m'avez aimé en souvenir de lui. Ils ne vous ont pas oublié non plus, et j'ai beau leur répéter que vous commandez une brigade, ils s'obstinent à vous appeler toujours *le capitaine*.

— Lorsque vous écrirez au capitaine Pagliani, m'a recommandé ce matin ce bon vieux bavard de Chaffre, vous lui demanderez s'il se souvient encore du jour de la bécassine et de mon œil.

Là-dessus, il m'a raconté, pour la centième fois peut-être, et toujours avec la même abondance de détails inutiles, cette histoire, la plus importante de toute sa vie, et que, malgré la perte de son œil, il se rappelle avec un incontestable plaisir.

« Il était une heure et demie ou deux avant midi, me dit-il, quand, pouf! sans avoir prévenu personne, le capitaine arrive au château. Le maître (votre pauvre grand-père, donc, monsieur

Eh bien, votre bécassine, la voilà, je trouve.

Jacques) et toute la famille venaient de partir pour Anduze et ne devaient rentrer qu'à la nuit.

« — Ça ne fait rien, dit le capitaine, je mangerai bien tout de même. Chaffre, donne-moi un fusil, que j'aille chercher mon déjeuner.

« Bon, je lui donne un fusil. Le voilà parti pour la chasse. A midi, il rentre bredouille.

« — Ah! ah! que je lui dis, vous n'aimez donc pas les bécassines?

« — Si fait. Seulement, il n'y en a point.

« — Passez-moi le fusil, que je lui réponds. En deux temps, trois mouvements, je vais vous en tuer une.

« Alors, je cours au bord du Valatblu, à un endroit que je savais, et, après une minute à peine d'affût, j'épaule, j'appuie sur le chien et, crac! comme de juste, une bécassine tombe les deux pattes en l'air. En même temps, je sens une mâtine de cuisson à l'œil. Je ramasse la bécassine. Mon œil saignait. Je remonte au château et je dis au capitaine :

« — Eh bien, votre bécassine, la voilà, je trouve.

« — Bravo! Même qu'elle est joliment belle!... Mais, nom d'un petit bonhomme, Chaffre, qu'est-ce que tu t'es fait à l'œil?

« — Je ne sais pas, que je lui réponds; ce que je sais, mon capitaine, c'est que ça me pique rudement.

« Alors, le capitaine examine mon œil, et voilà que, tout d'un coup, il s'écrie :

« — Il est crevé!

« Et moi je réponds :

« — Ça n'est pas possible qu'il soit crevé. Pour crever un

œil, capitaine, que je lui dis, il faut quelque chose, je trouve. Qu'est-ce qui me l'aurait crevé?

« N'empêche, monsieur Jacques, qu'il était bel et bien crevé, et que, depuis, je suis bel et bien borgne. Peut-être que c'est un grain de plomb qui aura ricoché, peut-être que c'est un éclat de la capsule. Mais la question n'est pas là. La question est... Demandez au capitaine, lorsque vous lui écrirez, si, oui ou non, je lui ai tué sa bécassine. »

Vous le voyez, mon cher général : on n'est point ingrat, au château. Dans les conversations charmantes de votre villa du Prado, vous vous rappeliez avec joie les gens, les sites des Nonnains; et les Nonnains se souviennent de vous. Mon oncle lui-même, pourtant peu loquace, peu enclin aux effusions, prononce parfois votre nom d'une manière affectueuse. Je suis persuadé qu'il vous porte beaucoup d'attachement sincère. Au fond, je sais mon oncle Jean-Paul un homme de cœur.

Oui, il est bon, très bon, mais — j'en éprouve un vrai chagrin — il ne me comprend pas. On dirait qu'une barrière nous sépare; deux ou trois fois déjà, j'ai tenté de la renverser, je n'y ai pas réussi. Je crois même que mes intentions ont été mal interprétées, en sorte que je ne me sens plus le courage de recommencer. Vous savez, mon cher général, que j'ai ma petite tête. Je le regrette... mais je l'ai.

On devait me mettre au lycée de Nîmes, et, pour ma part, je désirais vivement cet éloignement des Nonnains où mille doux souvenirs éveillent en moi autant de tristesses. Mais on a craint que l'ébranlement que m'a causé la mort de mon papa bien-aimé ne me permît pas de suivre des cours assidus.

M. Gordes, et un faux savant décoré du nom de docteur Regnaud, consultés à ce sujet, sont tombés d'accord pour conseiller à mon oncle de me garder auprès de lui. En même temps, M. Gordes a bien voulu se proposer pour me faire continuer mes études, pensant, je crois, revenir se fixer aux Nonnains. Mais, pour le moment, mon oncle préfère que je me rende trois fois par semaine à Anduze, où M. Gordes vit toujours retiré. Lundi, conduit par Chaffre, je dois y aller prendre ma première leçon.

Nous vous avons, mon cher général, entretenu bien des fois de ce M. Gordes. Autant qu'en puisse juger un gamin comme moi, c'est en même temps un original et un homme de grand mérite. Il a, pendant notre séjour à Marseille, écrit un *Cid* en cinq actes et en vers félibresques, et il a promis de me lire cette tragédie. Je ne sais si je dois me réjouir profondément d'une pareille promesse. Mais M. Gordes m'a aussi promis que nous parlerions de mon père auquel il garde un véritable culte. Je prévois que ces conversations-là vont me faire beaucoup pleurer; tant mieux, j'ai besoin de beaucoup pleurer, car il y a des jours où les larmes m'étouffent.

Certainement, nous vous avons dit que M. Gordes a deux filles. L'aînée, Aimée, est changée à ne pas la reconnaître. On prétend que je suis plutôt très grand pour mon âge; eh bien! elle est à peu près aussi grande que moi. D'autre part, on s'accorde à la trouver jolie, mieux que jolie, charmante. De plus, elle a fait, en musique, des progrès tout à fait surprenants. Enfin, elle a un cœur presque aussi généreux, presque aussi excellent que le vôtre. J'ai pu la rencontrer à part, avant-hier, la dernière fois que M. Gordes est monté au château, et vous seul pouvez imaginer toutes les choses à la fois tendres et réconfortantes qu'elle m'a dites au sujet de la mort de mon pauvre cher papa.

Figurez-vous que ma tante, elle-même — qui pourtant déteste M. Gordes — raffole littéralement d'Aimée. Aussi se pourrait-il que, sous prétexte de faciliter mes études, elle décidât mon oncle à réinstaller au château mon ancien précepteur, avec ses filles et sa bonne. Ce n'est pas seulement mon avis, mais aussi celui d'Aimée, à qui ma tante a chuchoté des confidences que la délicieuse fillette s'est empressée de me transmettre, et que, mon général, je vous rapporte à mon tour.

Mais en voilà un énorme cahier de commérages! Mon cher et brave général, ne vous moquez pas trop de

JACQUES.

P. S. — Bien entendu, ne me répondez pas. Je sais que vous n'avez jamais de votre vie écrit de lettres à personne, lettres de service à part. Bien entendu aussi, je vous embrasse. Rien que de dire : « Je vous embrasse », mon cœur se brise et je fonds en pleurs.

J...

CHAPITRE XI

BON GÉNIE ET MAUVAIS GÉNIE.

Quelque incroyable que cela paraisse, c'était vrai pourtant: jamais Pagliani n'avait écrit d'autres lettres que celles à quoi l'astreignait le service militaire. Brave et paradoxal Pagliani! Prendre un grêle instrument de bois, de corne ou de métal, en tremper l'extrémité pointue dans un petit vase rempli d'un liquide noir ou violet, en gratter une feuille mince, blanche, faite avec du vieux linge, voilà qui lui semblait une opération ridicule, indigne d'un homme, indigne du moins d'un guerrier.

— C'est à tenir une charrue, une bêche, répétait-il souvent, c'est à tenir une hache, une lance, une épée et non pas un frêle porte-plume, qu'une main courageuse et forte est destinée.

Le général pensait ainsi, disait ainsi, depuis si longtemps, qu'il eût été plus que hasardeux, qu'il eût été vraiment fou de supposer que l'excellent homme pouvait tout à coup raisonner d'une autre manière. Or, Jacques, qui jouissait de tout son bon sens, avait pertinemment prévu que son gentil et cher général ne lui répondrait pas. Si donc, après lui avoir de mois en mois adressé quatre ou cinq lettres encore, il cessa complètement de lui écrire, ce ne fut point par dépit, par fâcherie contre le silence d'un personnage que, d'avance, il savait en quelque sorte muet. Non, si Jacques renonça à tenir Pagliani au courant de ses actions et de ses pensées, c'est qu'il n'aurait eu à lui apprendre que des événements ou futiles ou douloureux. Le petit Cévenol était profondément malheureux, et, plutôt que de se plaindre, il préférait se taire : de peur d'attrister le bon général, il se résignait à passer pour oublieux.

La situation du pauvre enfant devenait de jour en jour plus critique aux Nonnains. La barrière dont il parlait dans sa première lettre à Pagliani n'avait pas été renversée ; au contraire, elle s'exhaussait constamment, s'épaississait, se hérissait d'épines.

L'oncle Jean-Paul ayant fini, selon son habitude, par accéder aux désirs de Mme Isabeau (qui, par hasard, ne causaient de peine à personne, tout au contraire), l'ancien précepteur de Jacques était revenu se fixer aux Nonnains, comme l'avait, depuis quelque temps déjà, pressenti et espéré la gentille Aimée, tout heureuse de retrouver son cher petit compagnon. Certes, les Gordes n'occupaient ni plus ni moins de place qu'autrefois dans le château ; néanmoins, M. Magardès, en veine de maussaderie, se trouvait à l'étroit depuis le retour du professeur. C'était beaucoup d'embarras, songeait-il ; c'étaient aussi de grandes dépenses, et, navré de n'avoir pas su résister à la demande — selon lui déraisonnable — de sa femme, l'oncle Jean-Paul, bien injustement, faisait retomber sa méchante humeur sur Jacques. Il estimait que cet orphelin lui causait trop de gêne, lui coûtait trop d'argent ; il se considérait comme un oncle trop généreux, un oncle unique, l'oncle qui se dévoue, qui s'immole pour son neveu. Il le dit un jour à l'enfant sur un ton cassant et acerbe.

— Tu as tort de te sacrifier pour moi, lui répondit doucement Jacques. Je ne t'ai jamais demandé de sacrifice ; deux ou trois fois, je t'ai seulement demandé de m'aimer un peu. Ai-je été trop exigeant ? Oui, peut-être.

Alors, l'oncle soi-disant trop généreux, le prétendu sacrifié

Aimée vint le trouver dans sa retraite.

avait tourné sur les talons et s'était éloigné, proclamant de toute sa voix cette grossièreté doublée d'un mensonge, avec la colère des gens qui se sentent dans leur tort sans avoir le courage d'en convenir :

— Tu es un ingrat ; je l'ignorais. Mais je savais que tu es un imbécile.

L'orphelin, réfugié dans sa chambre, avait pleuré longtemps,

longtemps, jusqu'à ce qu'Aimée vint le trouver dans sa retraite, et, toujours compatissante, séchât ses larmes.

Un autre jour — un samedi après-midi — Mme Isabeau, M. Gordes, Aimée, Juliette et Jacques allaient partir en landau pour la fête votive d'Anduze.

— Tiens, dit M. Jean-Paul en tendant avec affectation une petite bourse à son neveu, voilà dix francs. Dépenses-en le moins possible; tu me rendras compte au retour.

Sans contentement, simplement pour obéir, Jacques avait pris la bourse. L'oncle eut l'indélicatesse ou, tout au moins, la maladresse d'insister :

— Tu as bien entendu, tu me rendras compte; tu dois plus qu'un autre t'habituer à l'économie... Il y a des Magardès qui se ruinent bêtement; il ne faut pas faire comme eux.

En entendant cette cruelle allusion à son père, l'orphelin pâlit, et, lançant avec brusquerie la petite bourse aux pieds de son oncle :

— Voilà ! s'écria-t-il... Je n'ai rien dépensé.

— Quel est ce geste? interjeta M. Jean-Paul tout ahuri et courroucé... Ah ! l'impertinent ! le mauvais gars !

Et, se rapprochant vivement de Jacques, il lui appliqua un soufflet sonore :

— Vlan !

Cette fois-là, Jacques ne pleura pas. Mais, les dents serrées, les bras croisés, il regarda fixement son oncle.

— On ne m'a jamais frappé injustement, prononça-t-il d'une voix sourde. Jamais... jamais ! Ah ! si mon pauvre papa...

Il n'acheva pas; mais, sans cesser de dévisager M. Jean-

Il lui appliqua un soufflet sonore.

Paul, il lui dit, la voix maintenant haute et brève, la voix nette, décisive, de Pagliani :

— C'est oublié. Je te pardonne le mal que tu viens de dire du pauvre mort; mais que cela ne se reproduise plus !

— Vite, le bon M. Gordes, très ému de cette scène, saisit son élève à bras-le-corps et le hissa dans le landau, où les fillettes et Mme Isabeau attendaient en silence, diversement impressionnées. Chaffre fouetta. On partit pour Anduze, et la journée se passa sans incident. Au retour, l'oncle et le neveu s'embrassèrent froidement, très froidement, comme de coutume. En dînant, ils échangèrent quelques paroles indifférentes, très indifférentes, comme à l'ordinaire.

Le lendemain, l'orphelin avait les traits fatigués d'insomnie, et il paraissait, lui, presque toujours triste, encore plus triste que jamais. La mignonne Aimée s'appliqua à le consoler, et, tendrement prévenante, le prenant par le bras, elle l'entraîna vers le jardin. Tout en marchant, elle lui donnait des conseils charmants, affectueux et sages.

— Tu es réfléchi, mon cher petit Jacques, lui murmurait-elle de sa voix douce, et papa te trouve, pour ton âge, très éclairé et déjà fort instruit. Tu as lu, quoique bien jeune, beaucoup de livres; ils ont dû t'enseigner que la vie n'est pas une incessante partie de plaisir... Qu'il neige, qu'il vente, ou que le ciel soit calme et illuminé de soleil, il faut accepter le temps comme il vient, comme le bon Dieu nous le donne. Tu le sais, n'est-ce pas ?... Mon petit ami, tu sais aussi, j'en suis sûre, qu'il convient de considérer les gens de même que l'on considère le firmament; tu te résignes à la pluie, résigne-toi aux visages maussades; tu te soumets aux grondements du tonnerre, soumets-toi aux bouches grondeuses... Arme-toi de patience, mon Jacques; après la pluie, le beau temps... Tout change, tout s'arrange. Le bon Dieu nous assigne, dans l'existence, une certaine quantité de mauvais pain noir à avaler; toi, tu manges ton pain noir le premier; cela vaut mieux, peut-être. Quand ton pain noir sera fini...

— Il y en aura encore d'autre, interrompait Jacques avec un soupir découragé.

— Mais, non, quand il sera fini, tu mordras dans de bon pain blanc, avec tes bonnes dents blanches.

— Crois-tu? soupirait de nouveau l'orphelin, la tête inclinée vers le sol sablé et bruissant.

— J'en suis persuadée, te dis-je... Dieu est juste.

Et les deux enfants, recueillis, se taisaient.

Or, après une pause, la fillette reprenait, d'un accent plus bas et plus attendri :

— A présent, tu le vois, je viens à toi quand tu es affligé, et je t'aide, autant que je le puis, à consommer le tas de pain noir. Lorsque Dieu te donnera le bon pain blanc, mon cher petit Jacques...

— Eh bien, continue, mon Aimée... Quand Dieu me le donnera enfin...

— Que feras-tu?

— Je le mangerai, ma jolie.

— Tout? Tu mangeras tout?

— Sans doute.

— Non pas, tu m'en donneras un peu...

Et, vite, Jacques baisait le bout des doigts d'Aimée, et, vite, il s'enfuyait pour dissimuler les larmes qui lui jaillissaient des yeux. Celles-là, c'étaient de douces larmes. Il pensait :

— Serait-ce que le pain noir s'épuise ? Ces larmes-là, mon Dieu, c'est déjà presque du bon pain blanc !

Hélas ! de menus événements survenaient bientôt, qui rejetaient le pauvre enfant dans le chagrin, presque dans le désespoir. C'était un sourire d'ironie méchante, un clin d'œil méprisant de Mme Isabeau ; c'était une parole injustement sévère de l'oncle Jean-Paul. Il n'en fallait pas davantage pour irriter, pour exaspérer la souffrance de ce petit cœur si sensible, si douloureusement ulcéré.

D'ailleurs, si la jolie Aimée veillait sur Jacques comme un bon génie, le garçonnet trouvait en Chaffre un mauvais génie, mauvais génie inconscient, certes, mais mauvais génie quand même. A son insu, ce borgne, aux idées étroites, excitait « le fils de M. Maurice » un peu contre son oncle, beaucoup contre sa tante, cette étrangère, cette intruse, comme il l'appelait haineusement, et que, dès le premier jour, le vieux serviteur avait exécrée.

— Allez, je l'avais présagé, monsieur Jacques. Sitôt que la Nîmoise, Mme Isabeau donc, est entrée aux Nonnains, j'ai présagé que nous allions avoir la peste. J'avais vu ça, tenez, là, comme je vous vois, d'un seul coup d'œil du lynx, je trouve...

Chaffre, qui appelait son œil crevé *l'œil de la bécassine*, appelait son autre œil *l'œil du lynx*. Il savait, par ouï dire, que le lynx a la vue perçante ; au demeurant, il ne possédait sur cet animal aucun autre renseignement précis ; même, il se figurait ce quadrupède, éminemment clairvoyant, comme un volatile, et, par conséquent, s'imaginait avoir donné à ses deux yeux deux noms d'oiseaux. La bécassine et le lynx, cela se correspondait, cela faisait le pendant.

— Oui, d'un seul coup d'œil du lynx, monsieur Jacques, j'avais vu la peste entrer.

Et, à voix basse, avec des « chut ! » et des « attention, monsieur Jacques ! », et des gestes nerveux, inquiets, avec les gestes de quelqu'un qui craint toujours d'être surpris, le vieux borgne inconsidéré rabâchait que si M. Maurice avait été ruiné, il se pouvait que Mme Isabeau eût en partie causé cette ruine (ce qui était absolument faux); que si M. Maurice était parti pour Marseille, il était évident que Mme Isabeau l'avait mis à la porte de chez lui ; que si M. Jean-Paul ne se montrait pas « convenable » envers sa « famille », c'était que Mme Isabeau le rendait « inconvenant ». Du reste, quand Mme Isabeau avait permis à son mari de recueillir M. Jacques aux Nonnains, elle n'avait agi que par considération mondaine. Ah ! non, que l'on n'avait pas eu pitié d'un orphelin dont on avait « dépouillé » le père ! (Toujours cette accusation mensongère qui troublait affreusement l'âme de Jacques.) On avait simplement voulu sauver les apparences ; on avait tenu à ce qu'on dît dans le pays que M. et Mme Jean-Paul Magardès n'étaient pas tout à fait des « sauvages », que, quelquefois, ils « faisaient leur devoir ».

— Oh ! oh ! tu exagères, mon vieux Chaffre, protestait Jacques, oppressé, frissonnant.

Mais le borgne grognait avec la conviction forte d'un sot qui se persuade soi-même :

— Comment, j'exagère, vous dites? Eh bien, vous vous trompez. Je diminue, je trouve!

Alors, le cœur gonflé, le front bas, l'orphelin s'éloignait dans le bois solitaire.

Il était rare, maintenant, que l'ami de sa première enfance, Pompon, l'ex-sacripant Pompon, le suivît. Le chien fidèle vieillissait, devenait malade, et n'aspirait plus guère qu'à rêver, couché sur le sable, au soleil.

Un matin, il disparut. Jacques l'appela, le chercha en vain jusqu'au soir. Le lendemain, le chien n'avait pas reparu; Jacques continua ses recherches. Mais, en apportant le courrier, Jossambouriquette au long nez, Jossambouriquette aux maigres jambes inusables, annonça qu'il avait découvert sous une *bartasse* (un buisson épineux), là-bas, au bord de la Grandraille, le cadavre de ce Pompon, qui, plusieurs années auparavant, avait failli le dévorer tout vif.

— Une bonne bête, nasilla le facteur sans rancune.

Il reprit, en palpant à pleine main son nez étonnant :

— Une bonne bête! Et la preuve, c'est que lorsqu'il a senti qu'il était « cuit », revenant à dire qu'il allait mourir, il s'est traîné aussi loin qu'il a pu, et s'est mussé sous la bartasse pour que vous n'ayez pas le chagrin d'assister à son agonie. Eh bien, ça, qui n'a l'air de rien, c'est superbe, ça, monsieur Jacques. Quel est l'homme qui ferait ça?

Alors, Jacques se renseigna auprès de Jossambouriquette sur la place exacte du buisson, prit deux bêches, appela Chaffre, puis, accompagné du borgne, il descendit le long de la Grandraille; et, ayant trouvé le corps de la pauvre bête, ils l'enterrèrent profondément. Or, tandis qu'ils rejetaient la terre dans le trou :

— Désirez-vous que je vous confie mon opinion ? suggéra l'homme aux yeux de bécassine et de lynx. Hé donc, écoutez-moi, ce chien n'est pas mort de mort naturelle. Tel qu'il était, vieux, mais hardi encore, il en avait au moins pour douze, quinze mois d'excellente vie, il me semble. Seulement, voilà, monsieur Jacques, il y avait des personnes qu'il gênait. Bédame ! on remarquait qu'il se pelait autour du cou ; on remarquait qu'il ne sentait pas « l'eau de Poponax ». Surtout, on savait que vous l'aimiez, je trouve. On lui aura donné une boulette. Pas d'erreur, allez ! C'est de ce mal que Pompon est mort.

Ils l'enterrèrent profondément.

L'orphelin, hésitant, ne savait s'il devait ajouter foi à ces paroles.

— Et qui lui aurait donné la boulette? Tu as des idées, Chaffre!... s'écria-t-il avec un hochement d'épaules.

Chaffre insista en se frappant le front à deux reprises :

— Des idées, pardi, bien sûr que j'en ai ! Mais vous savez mieux que personne que je n'ai pas rien que de ça. J'ai...

— L'œil du lynx ?

— Oui, parfaitement, monsieur Jacques; et, d'un clin d'œil du lynx, j'ai vu...

— Qu'as-tu vu? Parle! Qu'as-tu donc vu?

Le vieux borgne regarda tout autour de lui. La Grandraille, les champs étaient déserts; personne ne pouvait l'entendre. Alors, il se pencha vers le petit garçon, et lui grommela dans l'oreille :

— Le... coup... juif... J'ai... vu... le... coup... juif.

— Je ne comprends pas.

Chaffre daigna s'expliquer vaguement, très vaguement :

— Le coup juif, c'est comme qui dirait un coup d'hypocrite, de traître. Le coup juif, ça se lance par derrière, ou bien en dessous. Le coup juif, ce sont les juifs qui vous le donnent, ou ce sont les juives. Crac !

— Crac !... Les juifs ! les juives ! s'écria Jacques. Qu'est-ce que ces gens-là viennent faire ici ?

— Pardi, voilà, je vous réponds qu'ils viennent nous empoisonner, je trouve. On a commencé par le chien...

— *On*, qui, *on* ?... Est-ce donc un juif qui a empoisonné Pompon ?

— C'est une juive.

— Quelle juive ?

— Il n'y en a ici qu'une. C'est déjà trop !

Et il révéla à l'orphelin, qui ignorait ce détail, que Mᵐᵉ Isabeau était d'origine israélite : une Mondragon-Bacri.

— Mais alors, elle est convertie, Chaffre ?

— Allez, monsieur Jacques, ça ne fait de rien qu'on l'a baptisée comme une chrétienne. Quand bien même vous appelleriez... une supposition... vous appelleriez cette bartasse un *grose llier*, elle ne produirait pas de groseilles ; une bartasse, c'est créé pour donner ni plus ni moins que des épines ; la sève est là... Comme il y a des groseilliers et des bartasses, il y a des Chinois et des nègres, il y a des juifs et des chrétiens. Appelez un juif : *chrétien;* appelez un Chinois : *nègre*, et il n'y a qu'un nom de changé, je trouve. On ne change pas la peau ; on ne change pas non plus l'âme, monsieur Jacques, le sang est là.

Sur ces paroles sentencieuses qu'aucun théologien, certes, n'eût approuvées, le borgne ramassa les bêches, et il remonta à petits pas au château ; Jacques, ému de ce bavardage malveillant, dont, trop jeune, il n'apercevait pas l'exagération généralisatrice, Jacques demeurait stupéfié d'avoir appris que sa tante, qui était chrétienne, était cependant juive.

D'ailleurs, en dépit des racontars de Chaffre, Mᵐᵉ Isabeau ne méritait aucunement d'être accusée du trépas, tout à fait naturel, de Pompon, lequel avait péri de vieillesse, sans nulle intervention étrangère, israélite ou chrétienne.

Mais le borgne n'y regardait pas de si près !

CHAPITRE XII

LE COLOMBIER.

Pompon reposait sous la « bartasse » épineuse depuis deux ou trois semaines déjà, et Jacques commençait à oublier l'histoire de la prétendue boulette, lorsque, à l'occasion de la fête anniversaire de Mme Jean-Paul Magardès, quelques amis d'Alais, le docteur (?) Regnaud, deux ou trois autres Anduziens, et le vénérable curé de Bagard, M. Boussuges, vinrent dîner aux Nonnains.

On avait absorbé du vin blanc, du vin rose et aussi de la blanquette, cette sorte de champagne cévenol qui, quand on n'en boit pas trop, vous inspire des pensées vives et riantes. On n'en avait pas bu trop, et le repas s'achevait gaiement.

Le diable voulut que, parmi les Alaisiens, il se trouvât un grand dadais, neveu de l'ignare Regnaud et plus ignare encore que son oncle, qui répondait au nom deux fois lapidaire de Pierre Rocher; ce nigaud était allé, l'été précédent, passer le 14 juillet à Paris.

M. Valentin Gordes lui demanda si, profitant de sa station dans la capitale, il n'avait pas « poussé » jusqu'au café Voltaire, où se réunissent, à la brune, les félibres parisiens. Le grand dadais avoua qu'il n'y avait point songé, que ce serait pour la prochaine fois.

— Car, j'y suis décidé, déclara-t-il avec un air important, je compte aller passer, tous les ans, le 14 juillet à Paris.

— Et, questionna encore M. Gordes, avez-vous vu la *Vénus de Milo*, la *Joconde*, la... *Belle Ferronnière* ?

— La *Belle Ferronnière*? répéta Pierre Rocher ahuri, stupéfié comme quelqu'un qui tomberait inopinément de la lune.

— Oui, confirma le professeur. Au moins, monsieur Pierre Rocher, êtes-vous allé au Louvre ?

— Certes! Quel admirable magasin !

Le grand dadais trouvait apparemment que l'expression était heureuse, car il redit :

— Admirable magasin !

Et il ajouta, coup sur coup :

— J'ai vu l'autre aussi... je me rappelle à présent. Mais ce n'est pas *la belle*... *la belle*... Ce n'est pas tout à fait comme vous disiez. C'est... « la Belle Jardinière »!... J'y ai acheté des gants abricot.

Si peu au courant que l'on soit des choses d'art dans les Cévennes, les gens comme il faut n'y prennent pas le Pirée pour un homme; ils savent que la *Vénus de Milo* est une statue grecque, que la *Joconde* et la *Belle Ferronnière* sont deux peintures italiennes, et ils n'ignorent pas non plus que ces merveilles se trouvent au Louvre, lequel Louvre est avant tout un musée. C'est pourquoi l'ânerie répondue par Pierre Rocher fit naître un sourire narquois sur les lèvres de presque tous les convives.

Jacques atteignait seulement sa douzième année, et si, à douze ans, il était mieux renseigné que Pierre Rocher sur le

Louvre et sur quelques-uns des chefs-d'œuvre que renferme ce musée, il ne s'ensuivait pas que ce petit garçon — à qui le sort ne donnait que de bien rares motifs de joie — dût nécessairement posséder assez de sang-froid, assez de souplesse mondaine et de force dissimulatrice, pour réprimer un mouvement subit, impétueux, d'hilarité. Les autres souriaient, lui rit. Il rit franchement, aux éclats.

Mme Isabeau venait de vider une pleine flûte de blanquette. Une flûte de trop, peut-être, et d'autant plus capiteuse pour elle qu'afin de se garder le teint clair, la coquette ne buvait à l'ordinaire que de l'eau pure. Le fait est qu'elle gronda, en crispant ses narines et en donnant à tout son visage une expression de rigueur excessive :

— Eh bien, Jacques, qu'est-ce qui te prend? Qu'est-ce que cet accès de gaieté bruyante? Est-ce que c'est de la sottise ou de l'effronterie?

— Excusez-moi, répondit l'orphelin, redevenu soudain morose, ce n'est pas de l'effronterie... C'est involontaire, je vous le jure.

— De la sottise, alors? appuya Mme Isabeau en conservant son ton grondeur et sa physionomie sévère.

— Peut-être, fit Jacques, sans pouvoir réprimer un tressaillement.

En vain, le vénérable M. Boussuges essaya de détourner la méchante humeur de Mme Jean-Paul Magardès.

— Ah! Paris! Paris! s'écria-t-il avec une feinte conviction; comme il séduit, comme il attire!... Je suis persuadé, madame, que vous avez un faible pour Paris.

— Laissez, monsieur le curé, laissez, lui répondit froidement Mme Isabeau.

Et, se tournant de nouveau vers son neveu immobile et pâle :

— Petit insolent! continua-t-elle. Est-ce ainsi que tu observes nos leçons? que tu reconnais nos bienfaits? Vraiment, nous devrions te cacher quand nous avons du monde. Une autre fois, tu mangeras à la cuisine; et, qui sait? Achilesse et Chaffre auront peut-être plus de succès que nous : ils t'apprendront à te tenir.

— Mme Magardès insiste beaucoup, énonça tout bas, avec malaise, le bon M. Boussuges en se penchant vers M. Jean-Paul.

Alors, celui-ci, qui valait mieux que sa femme, dit :

— Allons, petit, lève-toi; embrasse ta tante, et qu'on ne parle plus de ça.

L'orphelin, s'étant levé, docilement, s'approcha de Mme Isabeau. Il allait l'embrasser; elle le repoussa :

— Fort bien, on ne parlera plus de cela, c'est fini, lui dit-elle; mais je te dispense de tes caresses doucereuses. On te connaît! J'aime peu ces comédies!

Jacques, humilié, tout décontenancé, sentant qu'il allait fondre en larmes, s'éloigna de sa tante, et fit quatre ou cinq pas pour sortir de la salle à manger.

— Où vas-tu? demanda Mme Jean-Paul Magardès.

Il murmura, la tête baissée, et faisant quelques pas encore :

— Laissez-moi partir, s'il vous plaît.

— Non pas, non pas! protesta Mme Isabeau. Reste ici! je te

Il allait l'embrasser; elle le repoussa.

dis que je te connais : tu n'as pas achevé ta crème, et tu irais partout raconter que l'on te prive de dessert.

Elle affectait un accent badin. Puis, s'adressant à son mari, joignant les mains, elle affirma :

— Ah c'est bien le fils de ton frère, que nous avons sauvé de la faillite en lui payant sa part des Nonnains trois fois plus qu'elle ne valait, et qui, parti de son plein gré, s'en allait dire qu'on l'avait chassé de chez lui. Tel père, tel fils!

Ayant prononcé ces mots cruels, elle promena sur la tablée un long regard circulaire, comme pour prendre à témoin tous les convives, silencieux et gênés, de la véracité de ses affirmations mensongères.

Mais Jacques s'était arrêté sur le seuil de la porte. Brusquement, il releva la tête. Ses yeux étincelaient.

— D'où sortez-vous? Qui êtes-vous? Comment vous appelez-vous, questionna-t-il, vous qui osez diffamer mon père?

— Eh bien, il devient fou! fit Mme Isabeau, interloquée, pâle à son tour.

— Je vous demandais votre nom; gardez-le, continua Jacques. Que ne l'avez-vous toujours gardé, madame? Qu'êtes-vous venue faire ici?

Jusque-là, l'enfant ne faisait que défendre la mémoire de son père, et nul n'aurait pu lui donner tort. Malheureusement, il se souvint de certaines paroles excessives dites par Chaffre; et, élevant encore la voix :

— Si vous étiez une chrétienne...

M. Jean-Paul l'interrompit :

— Jacques, tu injuries ta tante! Va dans la chambre,

couche-toi; la nuit te portera conseil. D'ailleurs, tout à l'heure, si tu ne dors pas, j'irai te parler et te convaincre de tes torts.

— Je t'attendrai, répondit l'orphelin.

Et il sortit de la salle, en hâte, pour cacher ses sanglots.

Monté dans sa chambre, il laissa la porte entr'ouverte, et, assis sur une chaise, il se perdit en rêveries amères.

Il entendit bientôt un bruit de voitures sur la terrasse. Les invités repartaient, les uns pour Anduze, les autres pour Alais-du-Gard. Peu après, la porte entre-bâillée s'ouvrit toute grande. Son oncle entra. Il y eut un moment d'angoissant silence.

— Jacques, dit d'une voix lente M. Jean-Paul, je ne sais si tu as compris la gravité de la scène que tu as provoquée ce soir; ce que tu as, du moins, compris, c'est que je me suis contenu par déférence pour mes invités. De cela, tu ne me dois aucune reconnaissance; sois-moi, en revanche, reconnaissant de ce que, maintenant, je m'adresse à toi sans colère. Tranquillement, je t'interroge, réponds-moi tranquillement : que veux-tu, que faut-il que je fasse de toi?

L'orphelin parla avec calme :

— Ta question vient bien tard. Si tu m'avais demandé plus tôt : « Que faut-il que je fasse de toi ? » je t'aurais supplié de faire de moi ton neveu. Même, deux ou trois fois, j'ai essayé de prévenir cette question, et tu m'as repoussé sans m'entendre. Oui, ce que j'aurais voulu, ce qu'il aurait fallu, c'est que l'on m'aimât, c'est que l'on me montrât que l'on m'aimait. Au lieu de t'imposer de lourds sacrifices que je ne te réclamais point, au lieu d'installer coûteusement aux Nonnains M. Gordes, pour m'enseigner des choses inutiles, au lieu de me faire élever comme un enfant riche, mieux eût valu m'envoyer piocher la terre ou casser des cailloux sur les routes, parce que, au moins, le soir venu, ma rude tâche finie, tu m'aurais accueilli avec un affectueux sourire, tu m'aurais embrassé, non point du bout des lèvres, mais avec bonheur et avec tendresse...

L'oncle interrompit :

— Nous t'avons toujours aimé, et même plus que tu ne le mérites.

— En quoi donc ai-je démérité?

— Ne cherchons pas loin. Que penses-tu de l'attitude que tu as prise, ce soir, vis-à-vis de ta tante?

— Je la regrette de tout mon cœur.

L'orphelin soupira. Après quoi, il reprit :

— Pourquoi ai-je été obligé de parler comme je l'ai fait? Tu dis que j'ai provoqué cette scène du dîner ; tu te trompes. Le bon Dieu m'est témoin que toute la patience que j'ai pu avoir, je l'ai eue ; que, tant que j'ai été seul outragé par ma tante, j'ai courbé le front sous ses paroles injustes. Mais elle a outragé mon père et je n'ai pu me contenir. Si quelqu'un outrageait mon grand-père, dis, mon oncle, que ferais-tu?

M. Jean-Paul réfléchissait, tout surpris de ces paroles. Certes, en entrant dans la chambre de Jacques, il était persuadé que le petit garçon méritait un châtiment sévère ; maintenant, il le trouvait en quelque sorte excusable ; très ému, il hésitait, il ne savait quelle détermination prendre. Il finit par décider :

— Tu vas aller dans l'appartement de ta tante ; tu te mettras à genoux ; tu la prieras de te pardonner. Ta tante est très bonne, elle te pardonnera. Tu t'appliqueras à être à l'avenir plus reconnaissant et plus sage. Promets-moi que désormais tu te montreras moins âpre, plus digne des bienfaits reçus.

Jacques répondit :

— Mon oncle, je t'en supplie, laisse-moi m'en aller piocher la terre ou casser des cailloux sur les routes. Je suis épuisé de tristesse et de douleur ; je suis accablé de ces « bienfaits reçus », jetés comme une aumône méprisante.

Un sanglot lui coupa la voix.

Doucement, l'oncle Jean-Paul le prit par le bras, et, essayant de l'entraîner, il répéta :

— Va te mettre aux genoux de ta tante.

L'orphelin gémit :

— C'est impossible, parce que je sais bien que ma tante ne voudra jamais s'excuser d'avoir offensé la mémoire de mon père... Alors, moi, je maintiendrai, je maintiens ce que j'ai dit.

Et il insista :

— Laisse-moi aller casser des pierres. Laisse-moi gagner le pain que je mange, afin qu'on ne me le reproche plus.

L'oncle éleva la voix :

— Ainsi, tu refuses d'obéir, tu refuses d'aller demander pardon à ta tante?

Jacques eut un geste désolé, exténué ; mais, sans céder, le front têtu, il répondit d'une voix ferme :

— Oui !

— Eh bien, je vais agir avec toi comme on fait avec les rebelles : je vais te mettre en prison, je vais t'enfermer dans le colombier.

Et, de nouveau, il prit son neveu par le bras.

Cette fois, le petit garçon se laissa conduire.

Tous deux montèrent en silence jusqu'au colombier, dont M. Jean-Paul entr'ouvrit la porte grinçante.

— Entre, ordonna-t-il.

Jacques entra.

La porte se referma. M. Jean-Paul donna un tour de clef et emporta la clef dans sa poche, sans mot dire.

Jacques, lui non plus, ne prononça pas une parole et ne versa pas une larme tant qu'il entendit les pas de son oncle qui redescendait l'escalier.

Mais quand tout bruit eût cessé, l'orphelin, à bout de forces, appuya sa tête contre la porte close et s'écria d'une voix brisée, comme si son pauvre père avait pu le secourir : « Papa, mon cher papa, console-moi, j'ai tant de chagrin ! »

M. Jean-Paul donna un tour de clef.

CHAPITRE XIII

PIGEON VOLE !

Décidément, M. Jean-Paul Magardès n'en revenait pas, tout ébahi de l'impression étrange, profonde, qu'il avait ressentie devant l'attitude et les paroles de son neveu.

D'esprit un peu fruste, l'oncle de Jacques ne méditait guère et, quoique d'origine bourgeoise, il avait les dehors épais d'un paysan, avec les manières brusques et l'âme rudimentaire d'un montagnard. Il ne possédait pas le sens des nuances : à ses yeux, il n'existait véritablement que deux couleurs, le noir et le blanc. De même, dans sa pensée, les gens se divisaient seulement en deux catégories opposées : les hommes et les femmes, selon le sexe ; les jeunes et les vieux, selon l'âge ; les grands et les petits, selon la taille ; les gros et les maigres, selon la corpulence ; les heureux et les malheureux, selon la fortune.

Jacques mangeait bien, portait des vêtements cossus, recevait les leçons d'un précepteur ; M. Jean-Paul en tirait (trop vite) la conséquence que Jacques ne pouvait être qu'heureux, extrêmement heureux, d'un bonheur dû tout entier à la générosité de l'oncle Magardès ; et, jusqu'à ce soir-là, il croyait fermement que si le petit garçon ne témoignait pas plus de joie et de reconnaissance, on devait attribuer cette tristesse ingrate à un caractère que Mme Isabeau et lui jugeaient, bien à tort, maussade, farouche, en même temps qu'emporté et sournois.

Or, ce soir-là, étant entré dans la chambre de son neveu afin de le punir durement, il s'aperçut, dès le début de l'entretien, que l'orphelin ne méritait, en somme, aucun châtiment sérieux.

Oh! Jacques avait eu grand tort, évidemment, de manquer de respect à sa tante; mais combien plus grand tort avait eu Mme Isabeau, femme déjà très mûre, en provoquant un garçonnet, en le poussant à bout! Quelle malencontreuse idée d'aller déblatérer mensongèrement contre feu M. Maurice sous le prétexte que le fils de ce pauvre mort voulait quitter la salle à manger afin de cacher ses pleurs!

Au demeurant, sans s'en douter, Jacques avait merveilleusement plaidé sa cause devant son oncle.

« Si l'on outrageait mon grand-père, dis, mon oncle, que ferais-tu? »

Quand, assis sur son lit, les bras croisés, le regard fixe, le petit garçon avait prononcé cette simple phrase, le montagnard qu'était M. Jean-Paul, le paysan à l'âme rudimentaire mais droite, n'avait pu s'empêcher de frémir. Et il avait frémi davantage encore, en découvrant dans le cœur de Jacques une douleur immense, un désespoir infini.

Ainsi, malgré tant d'argent dépensé pour lui, malgré le précepteur, malgré les vêtements cossus, malgré la bonne nourriture, cet enfant vivait malheureux! Il n'était pas farouche ce Jacques, mais seulement effarouché. Loin de se recroqueviller dans la dissimulation boudeuse que sa tante lui reprochait injustement, il se révélait franc, prime-sautier, expansif. Et, en ce moment, pour la première fois, M. Jean-Paul, immobile au milieu de la chambre, n'osant plus se qualifier, comme de coutume, d'oncle exemplaire, d'oncle admirable, avait pressenti qu'en dépit de tous ses sacrifices pécuniaires, il ne s'acquittait pas absolument de son devoir. Plus il réfléchissait, plus sa conviction devenait forte.

Cependant, venu là avec l'intention avouée de châtier Jacques, il ne pouvait pas justement choisir cette minute pour promettre au petit garçon un changement subit, avantageux, de destinée. En agissant de la sorte, il eût paru prendre parti contre sa femme et excuser par avance d'autres incartades de son neveu ; or, il eût souhaité, tout au contraire, que Jacques allât demander pardon à Mme Isabeau, après quoi, le pardon obtenu, M. Jean-Paul se fût fait un devoir (tardif) de réconforter l'orphelin par quelques paroles vraiment tendres. Mais, celui-ci ayant refusé de le suivre dans la chambre de la tante, l'oncle, agité de sentiments divers, finit par se résoudre à enfermer Jacques là-haut, dans le colombier. De cette façon, tout en paraissant le punir de sa désobéissance, il s'assurait en même temps que le petit garçon, qu'il voyait à la fois décidé et désespéré, ne ferait pas un coup de tête, ne prendrait pas la clef des champs. En effet, d'un tel colombier, prison parfaite, bien close, les pigeons seuls peuvent s'envoler...

« Si l'on outrageait mon grand-père, dis, mon oncle, que ferais-tu ? »

Pour la dixième fois, peut-être, M. Jean-Paul, maintenant en chemise de nuit et nouant son serre-tête, se répétait à voix basse cette phrase de son neveu ; et il songeait :

« Caractère un peu vif, sans doute, mais brave cœur. Pauvre bambin, comme je l'avais méconnu ! »

Il se coucha ; et, tandis qu'il amenait le drap blanc autour de son cou, il ne se doutait guère qu'il n'était pas seul à savoir qu'à cette heure le « pauvre bambin » se trouvait enfermé avec les pigeons. Et qui donc, hormis lui, aurait connu ce fait ? Tous les hôtes des Nonnains ne dormaient-ils pas dans leurs chambres lorsque M. Jean-Paul et Jacques avaient grimpé l'escalier étroit conduisant au colombier ? Mon Dieu non ! Une paire de bons yeux, de grands yeux et, ce qui ne gâte rien, de jolis yeux, les avaient distinctement aperçus.

De bons yeux ! Alors, il ne s'agissait pas de Chaffre, lequel ne possédait qu'un bon œil. De grands yeux ! Alors, ce ne pouvait être Achilesse, propriétaire de deux tout petits yeux de souris. De jolis yeux ! Alors, ce n'était pas Mme Isabeau, de qui une ennuyeuse conjonctivite rougissait, depuis quelque temps, les paupières enflammées.

Vous l'avez deviné, la paire de jolis yeux scrutateurs appartenait à Aimée Gordes.

Voilà pourquoi, pendant que l'oncle Magardès disposait le drap blanc autour de son cou, comme une serviette, la gracieuse et douce Aimée avait d'abord frappé quelques coups légers à la porte du colombier. Toc ! toc ! Il faut croire que les pigeons faisaient du bruit, car Jacques ne répondit pas.

Aimée frappa un peu plus fort. En même temps, elle annonça à demi-voix :

— Hep ! hep ! Jacques, c'est moi !

— Toi ?

— Oui, moi.

— Toi, Aimée? redit l'orphelin étonné.

— Oui, moi, appuya la fillette. Tu sais bien ce que c'est que moi?

— Si je le sais!...

Et il poussa un soupir où se mêlaient de la joie, de la tristesse, une gratitude immense et une indicible affection.

— Eh bien, si tu sais cela, mon petit Jacques, moi, de mon côté, je sais tout ce qui s'est fait, tout ce qui s'est dit... et tout ce qui s'est pensé... Tu comprends bien que, lorsque ton oncle Jean-Paul est entré dans ta chambre, je me suis doutée qu'après la scène du dîner, il ne venait pas t'entretenir de la pluie et du beau temps. Alors, quoique je trouve, en général, très vilain d'écouter aux portes, j'ai mis le nez à la mienne, de porte, et je me suis, pieds nus, approchée de la tienne, de porte. Tu comprends?

— Je comprends admirablement, ma petite Aimée... J'admets que tu saches ce qui s'est fait et dit, mais ce qui s'est pensé, comment pourrais-tu le deviner?

— Tu vas voir! Je commence par ton oncle. Voici donc ce que ton oncle a pensé... Attends un peu, que je me rappelle... Ah! j'y suis!... Il a pensé:

« Mon neveu Jacques s'emballe facilement, mais il se corrigera de cette vivacité excessive en prenant de l'âge. Il ne mérite qu'une punition très légère. Or, une nuit dans le colombier est une punition vraiment légère... »

— Tu trouves? interrompit Jacques, un instant indigné.

— Moi? non! Moi, en ce moment, je ne trouve rien; je te récite simplement, mot pour mot, tout ce que ton oncle a dû penser. Laisse que je continue. Il a donc pensé : « Pour un garçon bien bâti, vigoureux et pas poltron, une nuit dans le colombier est une punition tellement légère, que ça ne vaut même pas la peine d'en parler. Du reste, j'enferme mon neveu avec les ramiers pour deux autres raisons : d'abord, pour faire plaisir à Mme Isabeau, ma femme; ensuite, pour le mettre dans l'impossibilité de s'enfuir. Je l'ai vu très désolé, ce soir, le pauvre Jacques, et aussi très exalté; dans cet état d'esprit, il risque de prendre une résolution extrême : il m'a parlé de terre que l'on pioche et de cailloux que l'on casse sur les grand'-routes; sans doute, à cette heure, il projette de devenir chemineau. Mais une nuit passée dans le colombier lui inspirera des intentions moins dures pour lui-même et le calmera. Les pigeons lui donneront de bons conseils; et, demain matin, lorsque je lui rouvrirai la porte de sa bénigne prison, il m'embrassera sans rancune... » Oui, voilà, mon petit Jacques, ce que ton oncle a pensé. Il a pensé tout cela. Il n'a pensé que cela, sans prévoir que les pigeons ne seraient pas seuls à te donner de bons conseils et que je viendrais te distraire jusqu'au lever du jour.

— Non, tu vas retourner dans ta chambre, prononça Jacques en étouffant un soupir. Tu as besoin de dormir, et, d'ailleurs, la nuit devient fraîche.

— Pas plus fraîche pour moi que pour toi, répliqua d'un petit air entendu la fillette. Va, mes poumons valent les tiens; si je m'enrhume, c'est que tu t'enrhumeras, et, quand il y a de la tisane pour un, il y en a bien pour deux... Demain, ce sera gentil, demain, nous tremperons ton pain noir (tu te rappelles, ce fameux pain noir) dans une tasse de tilleul ou de camomille.

Jacques murmura, d'une voix presque indistincte :

— Demain...

Il y eut un instant de silence. Tout à coup, Aimée reprit :

— Je t'ai dit tout ce qu'a pensé ton oncle. A présent, mon Jacques, veux-tu que je te dise ce que, toi, tu as pensé ?

— Mais tu ne le sais pas du tout, fit le petit garçon en haussant les épaules.

— Je le sais exactement. Tu as pensé : « Mon oncle m'emprisonne, ce qui est immérité et méchant. Non seulement cette injustice m'irrite; mais, en outre, j'enrage de ne pouvoir quitter tout de suite cette maison où l'on m'humilie, où l'on me bafoue. Toutefois, un peu de patience ! On ne me laissera pas toujours enfermé dans le colombier; et ce que je ne puis pas faire cette nuit, je le ferai demain, je le ferai après-demain, je le ferai dès que je serai libre; ma décision est définitivement prise : je tiens absolument à gagner ma vie, fût-ce en cassant des pierres sur les routes; personne ne m'en empêchera... » Voilà, mon petit Jacques, ce que, toi, tu as pensé. Est-ce vrai ?

Après avoir réfléchi pendant quelques secondes :

— Je te sais sérieuse, fit Jacques, je te sais discrète; de plus, tu m'aimes trop pour me nuire, même pour me faire du chagrin. Alors, si je te confie un secret, tu le garderas pour toi, tu le garderas pour nous deux... parce que j'espère bien, ma petite Aimée, qu'un jour nous nous reverrons.

Un sanglot brisa la voix du prisonnier; Aimée Gordes, elle aussi, pleura derrière la porte close, mais tout doucement :

— Mon Dieu ! mon Dieu ! balbutia-t-elle.

— Certes, nous nous reverrons, ma petite Aimée, poursuivit Jacques ; et ce sera pour être heureux, pour manger ensemble le bon pain blanc. En attendant, je ne sais pas quel pain je vais manger, s'il sera bleu, vert ou bien jaune ; mais, quelle qu'en soit la couleur, je le mangerai avec appétit, parce qu'il m'appartiendra. Ici, je n'ai plus faim de ce que l'on me jette ; ici, je ne puis plus manger ; et comme, si je ne mangeais plus je mourrais, et comme je tiens à vivre, eh bien, ma petite amie, je m'en vais .. Oui, tu avais deviné que je voulais partir ; toutefois, tu croyais que ce serait demain ou après-demain, ou un autre jour ; tu te trompais, ma chérie, c'est tout de suite.

— Seul, sans argent, si jeune, où iras-tu, mon pauvre Jacques, que feras-tu ?

— Le bon Dieu me protégera.

Les lèvres tremblantes, Aimée Gordes répéta :

— Le bon Dieu !

Ensuite, toute frissonnante, elle interrogea :

— Qu'entends-tu par *tout de suite*? Tu as dit que tu allais t'en aller tout de suite. Ce tout de suite, c'est quand ?

— Quand tu m'auras embrassé.

— Mais, tu es en prison.

— En prison... comme les ramiers... Écoute, ma petite Aimée, quoiqu'il n'y ait pas bien longtemps que l'on m'ait enfermé dans cette volière, j'en ai déjà fait le tour. Même, grimpant de perchoir en perchoir, je suis monté jusqu'au faîte... J'ai enlevé le premier prix de gymnastique au lycée de Marseille. « Ça n'est pas le plus mauvais ! » trouvait mon gentil général Pagliani... Et là-haut, tout en haut, j'ai vu une espèce de trappe, de fenêtre, de je ne sais quoi, qui glisse dans une coulisse ; cette trappe ouvre sur le toit. Une fois sur le toit...

— Si tu tombais ?

— Premier prix de gymnastique ! Ne crains rien, ma petite Aimée. Mais approche-toi de la porte, et pose un grand baiser

Et les deux enfants s'embrassèrent.

sur le bois. Moi, je baiserai le bois de l'autre côté. Nous nous embrasserons ainsi... Y es-tu, mon amie chérie ?

— J'y suis, répondit Aimée, étouffant un sanglot.

Et les deux enfants s'embrassèrent de la façon puérile et charmante que Jacques avait imaginée.

Pigeon vole!

— Adieu ! Au revoir ! Soigne-toi bien ! Reviens bientôt, mon petit Jacques, ne m'oublie pas. Moi, je t'aimerai toujours.

— Moi aussi, je t'aimerai toujours. Adieu, mon Aimée chérie, je vais grimper sur les perchoirs. Toi, reste là encore un peu. Quand j'aurai fait glisser la trappe et que j'aurai atteint le toit, je te crierai très fort : « Pigeon vole ! » Alors, c'est que je serai libre, et tu redescendras bien vite te coucher.

— Au revoir, mon petit Jacques !

— Au revoir, ma petite Aimée !

Et, appuyée contre la porte, la fillette, immobile, retenant son haleine, écouta, attendit.

Un bruit d'ailes effarées : l'ascension du prisonnier réveillait les pigeons.

Un silence... Un grincement... La trappe glissait.

Un cri très clair, décidé, presque gai :

— Adieu le colombier ! Pigeon vole !

Aimée Gordes, encore blottie contre la porte, laissa jaillir de ses paupières les larmes longtemps retenues. Puis, elle regagna sa chambre en chancelant ; et, pendant tout le reste de la nuit, elle pria le bon Dieu de protéger le petit orphelin qui s'enfuyait tout seul.

CHAPITRE XIV

ARRIVÉE A NIMES. — LE JEÛNE ET LA BELLE ÉTOILE.

Aisément, en se jouant, Jacques était descendu du toit du pigeonnier sur le toit proprement dit du château. Se dirigeant vers le vieux rempart, à l'endroit où le chêne blanc centenaire étendait ses branches les plus hautes, il en avait choisi une à la fois solide et relativement lisse. A califourchon sur cette branche, il s'était laissé couler doucement jusqu'à niveau de la terrasse. De la terrasse, il était descendu à toutes jambes par le sentier bordé de cactus, d'aloès et de romarins, dans la direction de Bagard. La soif le brûlait, et, s'allongeant sur le sol, il but quelques gorgées de l'eau fraîche du Valatblu. En traversant la petite rue unique de Bagard, il fit un signe affectueux de la main droite vers la cure où, certainement, le vénérable M. Boussuges ronflait du ronflement du juste, le nez dans l'oreiller et les poings fermés. L'horloge de la cure sonna une fois.

— Une heure du matin, se dit le fugitif... A moins que ce ne soit une demie?

C'était évidemment une demie, car, en arrivant à Alais-du-Gard, le petit garçon vit que le grand cadran de la sous-préfecture indiquait quatre heures moins dix, et certes, avec des jambes un peu vives, on ne met guère plus de soixante minutes pour aller du village de Bagard à la grande ville d'Alais. Grande ville, eh! oui; vingt-cinq mille habitants au moins, mines de houille et fonderies importantes ; traité signé en 1629 entre Richelieu et les protestants ; patrie du fabuliste Florian, du chimiste Jean-Baptiste Dumas, du poète Fernand Mazade et du nigaud Pierre Rocher.

L'orphelin s'arrêterait-il à Alais ?

Non, assurément, cette grande ville était trop petite pour lui. Jacques avait habité Marseille, et, vous concevez que lorsqu'on a habité Marseille...

On n'a qu'un espoir, c'est d'y retourner.

Mais, hélas! s'il n'y a pas loin de la patrie du vénérable M. Boussuges à la patrie du niais M. Pierre Rocher, il y a loin, terriblement loin, d'Alais-du-Gard à la Canebière; à moins qu'on ne prenne le chemin de fer. Mais, pour prendre le chemin de fer, il faut de l'argent. Or, Jacques, ayant retourné les poches de sa veste, les poches de son pantalon et les goussets de son gilet, n'y trouva pas un sou, pas un centime. Sa fortune se bornait à ce gilet, à ce pantalon, à cette veste, joints à une paire de chaussettes, à une paire de bottines, à une casquette et à une montre d'or, la montre de Maurice Magardès, tout ce dont l'orphelin avait hérité. Cette montre, il n'avait jamais voulu la remonter après l'avoir arrêtée à cinq heures, l'heure à laquelle M. Maurice s'était noyé.

— Si j'allais à Nîmes, pour commencer? se demanda Jacques. Je ne suis jamais allé à Nîmes. Personne ne m'y connaît. Nîmes est trois fois plus peuplé qu'Alais ; j'y trouverai trois fois plus facilement de l'ouvrage... Du reste, Nîmes élève ses arènes à quelques pas d'ici, à quelques pas pour ainsi dire, à une dizaine de lieues. Aucun risque de me perdre ; je prends la route nationale ; après quoi, il me suffit de cheminer tout droit. Tout droit, pendant dix lieues. A une lieue et demie par heure, ça fait... Voyons, quoiqu'on m'ait donné le premier prix de mathématiques au lycée de Marseille, je ne calcule pas merveilleusement. Dix lieues, à une lieue et demie par heure, ça fait..., ça fait que dans deux heures, je serai à trois lieues. Dans quatre heures, je serai à six lieues. Dans huit heures, je serai à douze lieues... Ah ! mais, douze lieues, c'est deux lieues de plus qu'il ne me faut. Je serai donc arrivé à Nîmes avant huit heures de chemin — quatre heures sonnent, huit et quatre ; douze — à Nîmes avant midi... Allons, en marche !

Là-dessus, le cœur battant d'espoir, respirant à pleins poumons l'air pur et léger de l'aube, le petit garçon se frotta allègrement les mains, balança les épaules avec fierté, et, vite, il allongea le pas.

A peine venait-il de franchir les limites de l'octroi d'Alais, qu'il aperçut, à cent mètres environ devant lui, sur la grand'route, une espèce de tombereau couvert d'une bâche bleue. La jument grise qui le traînait ne marchait pas très vite ; bientôt Jacques eut dépassé le tombereau, la jument grise et le vieux bonhomme qui la conduisait.

Cependant, soit que le quadrupède eût accéléré son allure, soit que le jeune bipède eût ralenti la sienne, une demi-heure plus tard, le tombereau reprit tout à coup les devants.

— Bonjour, le brave ami, souhaita le vieux bonhomme en dépassant Jacques.

— Bonjour, répondit gaiement celui-ci.

ARRIVÉE A NIMES.

Une demi-heure s'écoula encore. La jument grise somnolait-elle ? Le petit garçon se pressait-il ? Le fait est que, de nouveau, il devança le tombereau.

— Hé, hé ! le brave ami, vous avez la jambe courte mais bonne, lui lança le vieux bonhomme en riant de toute sa bouche, et il l'avait grande.

— La jambe n'est pas trop mauvaise, merci, fit Jacques en riant, lui aussi.

Et il poursuivit son chemin.

Or, une demi-heure après, la jument grise rejoignit le jeune orphelin.

— Toujours marchant ? dit le vieux bonhomme. Pas encore fatigué ?... Sans indiscrétion, le brave ami, où vous « destinez-vous » comme ça ?

— Ma foi, je me « destine » à Nîmes.

— A Nîmes ?

— Oui.

— Quelle drôle d'idée ! s'écria le vieux bonhomme.

— Et pourquoi trouvez-vous drôle que j'aille à Nîmes ?

— Parce que j'y vais, moi, également.

De nouveau, le bonhomme rit aux éclats. Mais, si fort, si haut qu'il rit, le jeune orphelin, mis en joie, rit encore plus haut que lui.

Un long moment, ils cheminèrent, tous les deux, côte à côte. Ensuite, le vieux bonhomme offrit gentiment :

— Montez un peu dans la brouette.

— Dans quelle brouette ? demanda Jacques.

Et l'autre, indiquant le tombereau :

— Dans la berline, si vous préférez. Vous êtes un *aristo;* vous ne voyagez sans doute qu'en berline?

Le petit garçon sourit, disant :

— A preuve...

Et il montra ses bottines.

Tous deux rirent derechef.

— Allons, montez, ça ne gênera personne.

— Pas même votre jument?

— Bah! vingt livres de plus ou de moins!...

— Je dois peser plus de vingt livres.

— Ça ne fait rien, le brave ami, souffla comiquement le vieux bonhomme; ma bête n'est pas très instruite; elle ne connaît pas les poids.

Ensuite, changeant tout à fait de ton, il cria :

— Hô, hô, Patrouille! hô!

La jument grise s'arrêta. Jacques se hissa sur le tombereau, se faufila sous la bâche. Presque aussitôt, il s'endormit.

Il ne se réveilla qu'à Nîmes, dans la cour d'un restaurant; le restaurant Tristenflu. Alors, descendant de « berline », il remercia le vieux bonhomme, lui serra la main, s'éloigna. Il était midi passé.

La faim taquinait l'estomac du petit garçon. Sa première pensée fut de se demander :

— Où déjeunerai-je?

Son premier regret fut de se répondre :

— Nulle part.

Toutefois, il se consola promptement :

— J'ai bien dormi, et qui dort dîne.

Tout en s'interrogeant et tout en se répondant, il errait, de ci de là, au hasard des rues et des places. Soudainement, il déboucha devant un temple harmonieux, léger, aux lignes adorables.

— La Maison carrée, devina-t-il. Comme elle est belle ! A Marseille, il n'existe rien de pareil.

Longuement, il contempla cette merveille de pierre, oubliant, en son admiration, le déjeuner absent et la faim. Soudain, il s'aperçut que le ciel s'obscurcissait ; étonné, il poussa un léger soupir :

— Serait-ce la nuit qui vient ? Déjà ?

Six heures tintaient aux horloges, annonçant que l'heure du dîner approchait.

— Oui, se dit Jacques, oui, évidemment, l'heure du dîner ne tardera pas à sonner. Et pourtant, où dînerai-je ?

Il réfléchit un instant et il s'affirma de nouveau :

— Nulle part.

Alors, il se gronda avec une grande conviction :

— Flâneur ! Paresseux ! J'aurais dû chercher de l'ouvrage ! Si jamais je ne travaille, jamais je ne mangerai.

Cette idée qu'il s'exposait par sa nonchalance à ne manger jamais, ni matin ni soir, lui donna de l'audace. Il avisa une vaste épicerie où sept ou huit garçons pesaient de la marchandise, pliaient des paquets, pulvérisaient des substances inconnues, avec des pilons, au fond de mortiers, et il remarqua que, parmi ces garçons, il s'en trouvait un de son âge. Il entra.

— Le patron, s'il vous plaît ? dit-il délibérément.

Quelqu'un lui répondit :

— A la caisse.

Jacques s'approcha de la caisse derrière laquelle un vilain homme maigre, à figure boutonneuse, en calotte à gland vert, trônait. Et, levant sa casquette devant le patron qui ne leva pas sa calotte, mais qui se gratta le front :

— Monsieur, je cherche du travail, je suis pauvre, vous m'obligeriez en m'occupant. N'auriez-vous pas quelque emploi à me confier ?

— Je n'ai besoin de personne, grimaça l'homme en s'éraflant la joue droite.

— Pas même pour les écritures, pour les...?

— Pour rien, grogna le mal gracieux individu en se triturant le bout du nez.

— Bien, monsieur, fit Jacques en remettant vivement sa casquette ; je n'insiste pas.

Il entra dans une autre boutique, réitéra ses offres de service, sans plus de succès. Une troisième, une quatrième tentative échouèrent pareillement.

La nuit était venue, plus profonde que celle de la veille et surtout plus fraîche. La faim du pauvre petit s'était d'elle-même un peu apaisée, mais il tremblait de froid ; de plus, il se sentait soudain las, extrêmement las. Avec quelque mélancolie, il se questionna presque à voix haute :

— Où coucherai-je ?

Ensuite, il secoua la tête, et à voix très basse, il chuchota, effrayé :

— Nulle part.

Mais ayant regardé le ciel, où apparaissaient quelques scintillements d'astres, il se rassura à demi :

— Nulle part? Allons donc! Si fait. Je coucherai à la belle étoile.

Il fit mine de sourire et de se féliciter :

Je coucherai à la belle étoile.

— Mazette! cher monsieur Jacques, en voilà un grand ciel de lit!

D'un vaste geste arrondi, il se montrait tout le firmament.

CHAPITRE XV

LE RESTAURANT TRISTENFLU.

Par hasard, par instinct peut-être, l'orphelin se dirigea à pas menus et vacillants vers l'endroit même où il s'était réveillé en arrivant à Nîmes; il se retrouva tout à coup à l'entrée de la cour du restaurant Tristenflu, séparée de la rue par une grille; à travers cette grille entre-bâillée, Jacques aperçut le tombereau à bâche bleue auquel, d'habitude, le vieux bonhomme jovial attelait Patrouille. Le petit garçon pénétra dans la cour, s'approcha de la « berline ». Un instant, il demeura immobile, regardant autour de lui et écoutant. Personne; un grand silence. Après quelques hésitations, l'orphelin se décida à monter dans le tombereau; il se glissa sous la bâche et tomba presque tout de suite dans un sommeil très profond.

Il eut un rêve agréable. Il se vit, en songe, garçon-épicier, vêtu d'une longue blouse blanche qui lui tombait jusqu'aux pieds. Sans doute, le vilain grognon, son patron, maugréait du matin au soir. Qu'importe! Jacques travaillait, il pesait des anchois, il pilait du poivre, il cassait du sucre et il mordait avec un appétit admirable dans un pain blanc, colossal, inépuisable, du pain blanc qu'il avait gagné. Une fois rassasié, le jeune employé aux « denrées coloniales » retournait servir la pratique; de nouveau, il pesait, et il pilait, et il cassait les ingrédients qu'il avait mission de casser, de piler, de peser. Parfois, la poussière du poivre le faisait éternuer. « A vos souhaits! » lui disait un chaland. « Merci, » répondait-il en riant; et il éternuait encore. Atchi !

— Quelle pitié aussi d'avoir choisi un lit si dur, si humide! Vous vous serez enchifrené, bien sûr, imprudent enfant.

Cette fois, Jacques avait ouvert les yeux, et la voix qu'il entendait résonnait véritablement, bien timbrée, non plus estompée dans le flou d'un rêve.

Une femme en coiffe blanche s'inclinait sur lui. Le soleil de fin septembre brillait, déjà haut dans le ciel.

— Vous n'avez donc pas de maison, pauvre petit? reprit la femme en coiffe blanche.

Le pauvre Jacques passa la main sur son front, écarquilla les paupières :

— Non, madame, je n'en ai plus, avoua-t-il en éternuant pour la troisième fois.

— Venez vous réchauffer à la cuisine, venez vite. J'ai gros cœur de vous voir si pâle... Et pourquoi ça, que vous n'avez plus de maison?

Elle avait pris l'orphelin par le bras; il s'abandonnait, la tête et les épaules basses. Tout doucement, il répondit en traînant les talons sur le pavé raboteux et mouillé de la cour :

— Parce que ma mère, ensuite mon père sont morts.

La femme en coiffe blanche poussa un bruyant soupir de compassion.

— Et vous n'avez pas d'autres parents? demanda-t-elle. Vous êtes, à présent, seul au monde?

L'orphelin murmura douloureusement :

— A peu près. Autant dire que je suis tout seul au monde. Mais je suis très courageux.

— Courageux !

Ce mot amena un sourire mélancolique sur les lèvres de la femme pitoyable.

Elle s'informa encore :

— Et depuis quand êtes-vous seul ?

— Depuis avant-hier soir, madame.

Tous deux se turent, également pensifs.

Ils entraient dans la cuisine, longue et large, étincelante de chaudrons, de casseroles, de lèchefrites et de hautes piles de verres, de tasses, d'assiettes, de plats. Un fourneau vaste ronflait. Il sembla à Jacques que les ronflements de ce fourneau lui souhaitaient la bienvenue, lui annonçant :

« Petit, je t'affirme que je cuis des mets abondants et savoureux ; l'eau peut te venir à la bouche, tu mangeras joliment bien si tu demeures près de moi. »

Or, approuvant sans réserve les ronflements sonores et aimablement inviteurs du fourneau, la femme en coiffe blanche s'enquit avec sollicitude :

— Il vous faut prendre quelque chose. Voulez-vous du lait, du café, du café au lait, pauvre enfant ?

L'orphelin éternua et dit :

— Merci, madame.

— Merci, oui ?

— Merci, non.

La femme ne put réprimer un mouvement de surprise.

— Préférez-vous du bouillon? insista-t-elle. Oh! oh! le gourmand! Je devine : vous préférez du chocolat?

— Non, merci, refusa Jacques.

La surprise de la femme en coiffe blanche se changeait en stupéfaction.

— Vous avez faim, malheureux petit; je vois cela à vos joues creuses et pâles; je vois cela à vos yeux enfoncés et brillants. Ne mentez pas...

— Je déteste mentir, interrompit l'orphelin en relevant doucement la tête.

— Eh bien, puisque vous ne mentez pas, dites-moi, je vous prie, où vous avez mangé hier soir?

— Je n'ai pas mangé hier soir, madame.

— Hier matin?

— Hier matin, non plus.

— Et vous ne voulez pas manger?

— Mais, si fait, madame, je ne demande pas mieux.

— Alors, pourquoi vous faites-vous prier?

Après quelques secondes de silence, Jacques énonça, tranquillement, le front haut :

— Je désire vivre, je le désire ardemment, et je me sens assez grand, assez fort, pour vivre de mon travail. Quoique jeune, j'ai déjà éprouvé beaucoup de malheurs, grâce auxquels j'ai acquis un peu d'expérience; ce peu m'a suffi pour comprendre qu'on ne doit vivre aux dépens de personne... Tantôt, en traversant la cour avec vous, j'ai entrevu, madame, un marmiton de mon âge à peu près, qui, accroupi dans un coin, plumait une poularde. Si je pouvais l'imiter!... Vous m'offrez du chocolat, du bouillon, du lait, et je suis vraiment heureux de rencontrer une personne aussi bienfaisante ; mais montrez-vous plus bienfaisante encore : permettez-moi d'accepter ces très bonnes choses en me donnant le moyen de les gagner.

La femme balbutia, tout émue, lissant d'un geste mal assuré ses cheveux sous sa coiffe blanche :

— Vous voulez être marmiton ?

— Marmiton ou... n'importe quoi. Je ne ressens aucune vocation irrésistible pour l'état de marmiton.

— Si j'en juge par la façon dont vous... avec laquelle vous vous exprimez, vous avez dû fréquenter assidûment l'école.

— Assidûment, c'est vrai.

— Vous savez lire, écrire, n'est-ce pas ?

— Oui, madame.

— Et compter ? Seriez-vous à même de tenir nos livres ?... Nous, malheureusement, nous ne sommes pas instruits. Moi, je sais tout juste signer ; mon mari, M. Tristenflu, ne sait même pas ; et, dans une maison « conséquente » comme la nôtre, quand les patrons ne savent pas écrire, il y a énormément de désordre, des oublis, des erreurs, du *coulage*. Comprenez-vous ?

Jacques, d'un mouvement de tête, signifia qu'il comprenait à merveille. La brave femme, après avoir réfléchi un moment, s'écria toute joyeuse :

— Alors, ça va bien. Voilà qui est convenu : à partir de ce matin, vous appartenez à notre maison... Vous serez, plutôt que marmiton, employé à la caisse ; ça dépendra de vos aptitudes et des « idées » de mon mari, M. Tristenflu... Pour débuter, vous

toucherez trois francs par semaine ; logé et nourri, cela va de
soi. Ces conditions vous conviennent-elles ?

— Elles me conviennent admirablement ! s'écria l'orphelin
avec un véritable enthousiasme. Admirablement ! A ravir !

— Eh bien, à présent, mangez, servez-vous. Ici, les marmitons se servent.

Manger ? Jacques hésitait encore, retenu par un faux point
d'honneur. Mais Mme Tristenflu, si elle était moins instruite que
notre petit Cévenol, l'emportait sur lui par le bon sens. Elle
lui dit :

— Vous croyez que, quand on ne travaille pas, on ne doit
pas manger, et vous avez raison peut-être ; mais croyez bien
aussi que, lorsqu'on ne mange pas, on ne peut pas travailler. Il
y aura, je l'espère, beaucoup de besogne aujourd'hui ; dépêchez-vous de prendre des forces. Cherchez, choisissez ce qui vous
plaît dans la cuisine ; sustentez-vous. Pendant ce temps, je vais
prévenir M. Tristenflu ; n'ayez crainte, il vous en trouvera, allez,
de l'ouvrage ! Il vous en trouvera, tant et plus !

Cette fois, Jacques n'hésita plus. Vite, il eut découvert un
grand, un beau pain roux, un couteau, un pot de beurre, une
boîte à sel, une jatte de lait. Il coupa une tartine, une de ces tartines... Il faut avoir vu les siennes pour s'imaginer une tartine
de cette dimension-là... Ah ! quelle tartine !

Mme Tristenflu s'éloigna, rassurée.

L'orphelin enduisit de beurre sa longue, sa large, son épaisse
tranche de pain ; puis il la poudra de sel... Il mordit à belles
dents.

— Délicieux ! éternua-t-il.

Ce fut son dernier éternuement. Le pain et le beurre enrayèrent son coryza.

Il prit un bol, l'emplit de lait qu'il colora d'un peu de café, et acheva d'engloutir la tartine. Tout entière ! Ah mais !

Il mordit à belles dents.

La femme en coiffe blanche revint, souriante, accompagnée d'un petit homme rondelet, rougeaud, et qui semblait plutôt rouler que de marcher. Ce baril vivant répondait au nom de Tristenflu ; c'était M. Antonin Tristenflu lui-même, illettré et restaurateur.

— Salut, jeune inconnu, dit-il bénévolement à Jacques.

— Bonjour, monsieur, s'empressa de répondre celui-ci.

— Jeune inconnu, fit M. Tristenflu, Mme Tristenflu m'a mis au courant de la chose, qui est la chose vous concernant. Comme ça, vous avez sérieuse envie de travailler ? Comme ça, vous connaissez la lecture, l'écriture ? Vous connaissez les chiffres ?

— Oui, monsieur.

— Et la plume, est-ce que...

M. Tristenflu s'interrompit, cherchant une expression caractéristique et ne la trouvant pas; l'orphelin voulut aller à son aide, et, se rappelant le marmiton qu'il avait vu dans la cour, plumant une poularde :

— Certes, vous pouvez être tranquille; je plumerai, monsieur, fit-il.

— Pardi, je l'entends bien que vous savez plumer, dit M. Antonin Tristenflu. C'est clair, manifeste, évident, puisque vous savez écrire. Mais la plume, est-ce que... est-ce qu'elle est belle?

Jacques avait bien vu le marmiton ; il avait vu la poularde ; toutefois, il n'avait pas remarqué si la poularde était parée de plumes belles ou laides. A tout hasard, il répondit :

— Très belle, je l'espère.

— Alors, parfait ! s'écria M. Tristenflu. Puisque votre plume est très belle...

Cependant que le restaurateur s'interrompait de nouveau, Jacques devina qu'il s'était mépris sur le sens que le petit homme boulot attribuait au mot *plume*, et retenant un sourire :

« C'est un coq-à-l'âne, pensa-t-il. Ou, plutôt, puisque je croyais qu'on parlait de la poularde, ce n'est pas un coq... c'est une poule-à-l'âne! »

Or, M. Antonin Tristenflu reprit, acheva, avec un noble geste circulaire :

— Puisque votre plume est très belle, il n'y a plus à barguigner. Vous travaillerez aux écritures.

— Bien, monsieur.

— Mme Tristenflu vous a dit les conditions : logé, nourri et trois francs par semaine. Nous sommes d'accord ?

— Nous sommes d'accord !

Sur ce, le petit patron joufflu demanda brusquement :

— Comment vous appelez-vous ?

— Jacques.

— Et puis ? Jacques quoi ? Le nom de votre père ?

— Maurice, fit l'orphelin qui ne se souciait pas de révéler son nom de famille.

— Jacques Maurice, alors ? C'est Maurice qui est le nom, et Jacques qui est le prénom ?

— Jacques est mon prénom, répondit Jacques, adroitement.

— Eh bien, Jacques, suivez-moi. Je vais vous installer dans vos fonctions, déclara majestueusement M. Antonin Tristenflu.

Il conduisit donc son « comptable » dans la grande salle du restaurant... Il était en train de lui montrer la caisse, un encrier, un porte-plume, un buvard, lorsque, le considérant bien en face, il suggéra en clignant des yeux :

— Vos cheveux sont joliment longs. Est-ce que, jeune inconnu... non, jeune Jacques..., vous tenez tant que ça à la longueur de vos cheveux ?

— Pas du tout, du tout, répondit très sincèrement le préposé aux écritures.

— Tant mieux. Allez donc les faire couper sans retard... Vous n'avez qu'à traverser la rue ; vous trouverez un coiffeur vis-à-vis, en face même.

Le petit Cévenol objecta sans fausse honte :

— Volontiers. Seulement, je n'ai pas d'argent.

— Vous n'en avez pas besoin, expliqua le restaurateur. Il vous suffira d'aviser le coiffeur que vous faites partie de la maison Tristenflu. J'ai chez lui un abonnement, non seulement pour moi, mais pour tout mon personnel. Je vous ai informé que, chez moi, on était logé et nourri ; j'avais oublié de vous dire qu'on était, en outre, tondu ! Sans doute, on est aussi rasé. Mais pour vous, ajouta-t-il, en regardant avec un bon sourire les joues lisses et fraîches de l'enfant, pour vous, jeune inconnu..., non, jeune Jacques..., ce n'est pas encore le cas !

CHAPITRE XVI

M. JEAN-PAUL VIENT ET JACQUES S'EN VA.

En attendant que ce fût le cas...

En attendant, le doux printemps commençait. Depuis six mois pleins, Jacques remplissait les fonctions de comptable au restaurant Tristenflu, et rien ne faisait prévoir qu'il dût quitter de si tôt cette maison confortable. Le roulant petit homme rondelet et rougeaud ainsi que la brave femme en coiffe blanche lui portaient de l'amitié, tous deux très satisfaits de son travail (la plume était réellement belle !), et, à l'envi, ils le récompensaient de ses qualités et de son zèle par de gentilles prévenances, par de menues gâteries.

De dix heures du matin à deux heures de relevée, et de cinq heures et demie à dix heures du soir, Jacques se tenait assis sur un haut tabouret, derrière un solennel bureau d'ébène, à la gauche de Mme Tristenflu. Elle était caissière, et, en somme, dictait à Jacques son travail : il suffisait que celui-ci, sans jamais la moindre distraction, inscrivît en un brouillon quelconque les moindres mouvements de caisse. De dix heures du soir à onze heures environ, il résumait, selon les règles de l'art, et enregistrait, dans des livres presque aussi solennels que le bureau d'ébène, les opérations de la journée, sommes versées, sommes reçues : absorbé dans sa tâche, agitant son porte-plume, agitant

Jacques se tenait assis sur un haut tabouret, derrière un solennel bureau d'ébène.

aussi sa langue, inconsciemment tirée, il s'appliquait de tout son cœur.

Il avait appris, tout seul — et néanmoins très vite — la manière d'établir les écritures de commerce; en un rien de temps, heurtant du crâne contre un *Manuel du parfait comptable*, il avait fait saillir de son sinciput la bosse de l'arithmétique. Maintenant, il n'aurait plus hésité comme jadis avant de nombrer le temps employé par un jeune inconnu..., non, par un jeune Jacques..., qui marche de telle façon, pour parcourir telle distance; maintenant, il calculait promptement et exactement. Dans ses additions (un comptable de restaurant s'occupe surtout d'additions), dans ses soustractions, dans ses multiplications, dans ses divisions même, pas une erreur n'osait se glisser, pas une !

Il savait, le comptable de M. Antonin Tristenflu, il savait combien il importe que les livres soient bien tenus, par ordre de dates, sans lacunes, sans « grattages » ni ratures, car, indépendamment des pertes énormes que risque un commerçant qui tient mal ses livres, cet imprudent s'expose, en cas de faillite, à être déclaré banqueroutier et condamné comme tel.

— Brr ! la femme en coiffe blanche et le roulant petit homme, M. et Mme Tristenflu, emmenés par les gendarmes !...

Rien que cette pensée donnait à Jacques la chair de poule ; et, tirant plus long la langue et l'agitant plus vite, il redoublait d'attention.

Vers onze heures, onze heures et quart, les comptes mis à jour, les livres soigneusement clos, il soupait d'une manière sérieuse, puis il montait se coucher. A peine au lit, il s'endormait, la conscience absolument tranquille, un peu fatigué, mais heureux, la tête un peu lourde, mais l'âme légère.

Bien qu'il ne fît qu'un seul somme, tout d'une traite, il bénéficiait assez souvent de songes exquis, radieux.

Il rêva, une nuit, qu'il avait découvert une mine immense de pain blanc enduit de vingt sortes de confitures; de quoi nourrir toute une ville pendant des siècles. Alors, enthousiasmé de sa découverte, Jacques courait chercher Aimée Gordes et la conduisait au milieu de la mine; et, longtemps, longtemps, tous deux grignotaient ensemble le pain blanc et merveilleux; et ils en distribuaient aux pauvres, à cent, à mille, à dix mille pauvres, aux millions d'indigents qui avaient la chance de passer par là... Une autre nuit, l'orphelin rêva que le général Pagliani, proclamé empereur des Français, nommait ministre de l'intérieur le borgne Chaffre, et proscrivait tous les juifs. Mais Jacques allait se jeter à ses genoux, le suppliant d'épargner Mme Isabeau, et le souverain, consentant, autorisait la dame à ne pas quitter les Nonnains. Touchée de cette intervention de son neveu, Mme Isabeau devenait soudainement très tendre, très affectueuse, et fiançait l'orphelin à la délicieuse Aimée Gordes. Sans aucun retard, le repas des fiançailles se donnait au restaurant Tristenflu : un festin superbe, excessif. Au dessert, l'empereur pénétrait entouré d'une suite brillante dans la salle du banquet, et annonçait d'une voix nette, décisive, qu'il abdiquait en faveur du fils de son ami Maurice. Pas trop surpris, après avoir remercié congrûment, le nouveau monarque prenait la main d'Aimée, gravissait les marches du trône parmi des acclamations sans nombre, et, longtemps, longtemps, il régnait sur un peuple florissant et calme, sous le nom béni de Jacques Iᵉʳ! Peu à peu, sans guerre bien importante, il annexait à la France l'Allemagne, l'Italie, l'Autriche et quelques autres nations de moindre importance; puis il donnait l'Angleterre à l'Irlande et la Chine à la Russie. Ces événements enchantaient tout le monde, chose étrange! même les Chinois, même les Anglais!

Grâce à ces songes adorables, l'orphelin s'éveillait la bouche souriante et le cœur ravi.

Il s'éveillait régulièrement à sept heures. Cependant, il ne se levait pas tout de suite; il aimait paresser un peu sur l'oreiller; et, tout en paressant, il savourait le souvenir de ses rêves, ou bien il s'entretenait avec soi-même de ses espérances, et cherchait des stratagèmes qui lui permissent de les réaliser.

— Quelle chance! se disait-il alors, quelle chance d'avoir ces jolis songes! Grâce à eux, si je passe, courbé sur des livres de comptabilité, la moitié de ma vie, je me repose pendant l'autre moitié, en exploitant des mines féeriques ou en conquérant, presque sans effusion de sang, tout l'univers... Il n'en est pas moins vrai, que, d'une part, on ne m'a pas véritablement proclamé empereur, et que, d'autre part, je ne ressens aucune envie de rester comptable jusqu'à la fin de mes jours (jamais je n'oserais proposer à ma chère petite Aimée d'épouser le teneur de livres d'un restaurant). Donc, si copieuse et si succulente que me semble la nourriture du petit père Tristenflu, si utiles que me soient les trois francs qu'il me remet chaque semaine, il faudra bien qu'un beau matin je me décide à chercher fortune ailleurs. Oh! je sais bien où j'irai! Je n'ai pas eu, depuis mon départ des

Nonnains, une seule minute de doute à cet égard. Je veux aller vivre auprès de mon gentil général Pagliani.

Ce disant, le petit Cévenol poussait un grand soupir de contentement :

— Mon gentil, mon brave général !

Même, il lui arrivait d'embrasser son traversin, en croyant qu'il embrassait Pagliani, qu'il le pressait très fort contre son cœur. Mais, bientôt, il poussait un nouveau soupir, et, cette fois, un soupir d'inquiétude.

— Oui, voilà l'ennuyeux, le difficile, reprenait-il. Comment me présenter au général sans être reconnu de lui ? Car, bien entendu, il ne faut pas qu'il me reconnaisse. S'il me reconnaissait, de deux choses l'une : ou bien le cher homme, ne voulant pas assumer la responsabilité de me garder chez lui sans l'assentiment de mon oncle et tuteur, préviendrait M. Jean-Paul, lequel m'obligerait à réintégrer les Nonnains ; ou bien il ferait pour moi de grandes dépenses, me donnant des professeurs, me nourrissant comme un coq en pâte, m'habillant comme un marquis. Or, je ne veux ni retourner aux Nonnains, ni accepter du général des sacrifices pareils à ceux que s'imposait pour moi mon oncle, sacrifices qui n'ont servi qu'à m'humilier, qu'à me torturer. Je me suis promis, je me suis juré de ne plus vivre aux dépens de personne !

Ici, Jacques lançait un coup de poing fougueux au milieu du traversin. Cet exercice, pourtant bref, suffisait à le calmer sur-le-champ ; après quelques instants de silence, l'enfant poursuivait son grave et matinal monologue.

— Certes, bien des mois se sont déjà écoulés depuis que je

me suis séparé de mon gentil général. J'ai considérablement grandi, et il me paraît que j'ai changé de physionomie. Ma voix aussi a changé, et, quand l'occasion s'en présente, je m'applique à écouter parler les étrangers, ceux surtout qui viennent du Nord, pour retenir leur accent. De plus, j'ai réussi à me corriger de la plupart des gestes qui m'étaient autrefois familiers ; je ne touche plus mon nez ; je ne mordille plus ma lèvre ; je ne croise plus mes jambes ; je ne renverse plus la tête lorsque je ris. Encore quelques transformations et il deviendra tout à fait impossible que le général me reconnaisse. Je crois donc que je puis me tranquilliser de ce côté-là. Mais, hélas! dès que je suis rassuré d'un côté, je suis perplexe d'un autre. Si, en effet, le général Pagliani ne me reconnaît pas, pour quel motif me prendrait-il auprès de lui? Il n'est pas toujours commode, le général! Il n'est pas doux avec tout le monde! Or, quand j'irai frapper à la porte du Prado, ou je me présenterai en tant que Jacques, ou je n'aurai rien de plus que tout le monde...

Jacques poussait un dernier soupir dans lequel se mêlaient du contentement et de l'inquiétude. Il regardait la petite pendule qui tic-taquait sur la petite cheminée de sa petite chambre :

— Huit heures!

Se débarbouillant à la hâte, l'orphelin murmurait :

— Bah! avec le temps, avec l'aide du bon Dieu, je trouverai bien un expédient pour vivre auprès du général sans qu'il sache mon nom.

Il s'habillait rapidement, descendait à l'office, se coupait une tartine, une de ces tartines prodigieuses, bien beurrées, arrosées de café au lait, comme il les aimait.

Quelquefois, il faisait une courte promenade en ville. D'autres fois, il allait plaisanter avec le vieux bonhomme charitable et un peu excentrique qui, sur la route d'Alais à Nîmes, l'avait invité à monter dans le tombereau à bâche bleue traîné par Patrouille. C'était l'oncle de Mme Tristenflu, un philosophe, ce qui est rare, et un philosophe gai, ce qui est plus rare encore. Jacques s'adressait à lui les jours où l'envie le prenait de rire un brin. Les plus sérieux comptables ont de ces jours-là.

Or, un soir que le comptable chiffrait, assis à sa place habituelle, un quinquagénaire en vêtements de deuil entra dans la grande salle du restaurant ; à peine Jacques eût-il aperçu cet étranger qu'il sentit son cœur battre avec une violence excessive et le porte-plume trembler sur la page qu'il écrivait. Et un petit frisson épeuré lui courut sur l'échine.

Le quinquagénaire choisit une table au fond de la salle, posa son chapeau, prit la carte. Le comptable baissa la tête, et, un long moment, il ferma les yeux. Quand il les rouvrit, le quinquagénaire mangeait ; il mangeait comme une personne de très grand appétit. Sans doute, son deuil était surtout extérieur. Du moins, Jacques pensa ainsi.

— Tout de même, si Mme Isabeau était morte, se dit l'orphelin, je crois qu'*il* ne mangerait pas de si bon cœur.

Il, le quinquagénaire, c'était l'oncle Jean-Paul.

De qui portait-il donc le deuil ?

De Jacques ?

M. Jean-Paul Magardès supposait-il que son neveu, dont il n'avait plus jamais de nouvelles, que le petit Jacques avait quitté cette terre ?

Le petit comptable se remit à trembler si fort qu'il craignit que Mme Tristenflu ne s'aperçût de son trouble.

Il commençait à surmonter son émotion quand un geste brusque du quinquagénaire faillit lui arracher un cri. De la main, l'oncle Jean-Paul venait d'appeler M. Antonin Tristenflu, qui n'allait et venait dans la salle que pour répondre aux moindres caprices de ses clients; promptement, M. Tristenflu s'approcha de M. Jean-Paul.

— Pincé!... Mon oncle m'a reconnu, frissonna Jacques. Il appelle le patron afin de lui parler de moi.

Mais la conversation des deux hommes se prolongeait. Ni l'un ni l'autre ne levaient les yeux dans la direction de la caisse. Le pauvret finit par se rassurer un peu.

— Qui sait? Il n'y a peut-être plus qu'une mauvaise minute à passer, se dit-il, celle où mon oncle viendra vers ici pour partir? A ce moment-là, je laisserai tomber mon porte-plume, je me baisserai de manière à me dissimuler complètement à tous les yeux et je ne me relèverai que lorsque le danger sera passé.

Ainsi fit-il, l'instant venu. Et, pendant que, courbé derrière le bureau d'ébène, il furetait ou feignait de fureter autour des pieds de son tabouret, il entendit la voix de M. Jean-Paul prononcer nettement :

— Convenu, monsieur Tristenflu. Je ne terminerai rien sans vous prévenir... D'ailleurs, à demain.

— A demain, monsieur, répondit la voix du restaurateur rondelet. A midi?

— Oui, vers midi.

Lorsque Jacques se décida à retrouver son porte-plume et à

se rasseoir sur le haut tabouret, à la gauche de la brave femme en coiffe blanche :

— Qu'avez-vous donc ce soir, mon ami? lui demanda-t-elle. Vous êtes tout drôle, tout « chaviré » !... Ah! mon Dieu! le voilà blanc comme neige! Et tremblant comme feuille !... Où avez-vous mal?

— J'ai eu un léger éblouissement... Cela va se dissiper, répondit à demi-voix le comptable encore tout effaré.

— Bien vrai? Ce n'est rien de sérieux, sûrement?

— Sûrement, madame, soyez tranquille.

Jacques trempa son porte-plume dans l'encrier et se remit à écrire.

Il écrivit, ainsi qu'il le faisait chaque soir, jusqu'à l'heure du souper. Par contre, lui qui, chaque soir, soupait d'un appétit splendide, il mangea comme un oiselet. Ensuite, il se retira dans sa chambre, se coucha, ne s'endormit pas.

Au point du jour, sans flâner entre ses draps, il sauta à bas de son lit, s'habilla, rédigea une lettre reconnaissante et bien tournée à l'adresse de Mme Antonin Tristenflu, avec prière d'en communiquer le contenu au restaurateur, qui, lui, ne savait pas lire. Après quoi, il descendit dans la cour et gagna la rue, encore toute silencieuse.

L'air matinal était imprégné d'une odeur suave de verveine et de lilas.

— Combien ce printemps est délicieux ! murmura Jacques en marchant à pas cadencés.

Arrivé devant un bureau de poste, il déposa sa lettre dans la boîte voulue.

A dix heures, Mme Tristenflu s'assit à la caisse, sans son compagnon habituel, ce dont elle se montra fort inquiète.

Un peu après midi, on lui remit une lettre, et, reconnaissant l'écriture, elle la décacheta avec vivacité; elle la lut.

— Quel malheur!

La femme en coiffe blanche essuya une larme furtive.

Jacques ne reviendrait plus.

CHAPITRE XVII

AU SERVICE DE L'ANGLETERRE.

— A demain, avait dit le quinquagénaire à M. Tristenflu.

Pourquoi cet « à demain » ? Pourquoi cette longue conversation de M. Jean-Paul avec le restaurateur? Pourquoi cette promesse de revenir le jour suivant?

Ce n'était pas à cause de Jacques, évidemment, que l'oncle fréquentait le restaurant Tristenflu. Réflexion faite, l'orphelin comprenait maintenant que M. Jean-Paul, reconnaissant son neveu sous les espèces d'un jeune comptable, se fût empressé de prendre par la main le susdit jeune comptable, et, sans plus attendre, de le ramener aux Nonnains.

Non, assurément, M. Jean-Paul n'avait pas reconnu Jacques. Mais il pouvait le reconnaître à l'avenir ; et le petit garçon ne se sentait pas le courage de s'exposer aux dangers d'une seconde rencontre, ou d'une troisième, ou d'une quatrième, car rien n'indiquait que le mari de Mme Isabeau ne dût pas retourner maintes fois chez le restaurateur Tristenflu.

Le comptable avait donc dit adieu à sa comptabilité.

Où irait-il? A Marseille? Non; il ne se trouvait pas encore assez bien « conditionné » pour se présenter chez son gentil général. Sans plan suffisamment arrêté, il se fût tout à coup trouvé au détour d'une rue, en face de Pagliani, qu'il eût été fort embarrassé de lui souhaiter seulement le bonjour. Et au surplus, il manquait d'argent pour entreprendre le voyage.

Certes, il avait, en ces six mois, reçu soixante-dix-huit francs des mains de M. Antonin Tristenflu. Mais il avait dû s'acheter des chaussures, un chapeau de feutre, du linge, quelques autres menus objets. L'argent, parfois si dur à gagner, se dépense si facilement! Jacques conservait, pour toute fortune, neuf ou dix pièces de vingt sous.

Où irait-il? Il hésitait entre Avignon et Arles. Avignon le tentait beaucoup. Arles, qui le tentait un peu moins, présentait, en revanche, cette qualité de se trouver plus près de Marseille.

— Je me donne jusqu'à ce soir pour opter entre Arles et Avignon, se signifia l'orphelin.

Et, regardant prudemment devant lui, autour de lui, pour s'assurer que nul oncle Jean-Paul n'apparaissait dans le voisinage, le garçonnet se dirigea vers la Maison carrée.

Immobile, il admirait ce temple depuis quelques minutes, lorsque, soudain, un individu, tout de blanc vêtu, comme une colombe (une colombe à favoris et à lorgnon), s'approcha de lui, gravement, et lui demanda ce qu'il contemplait. L'individu parlait le français assez correctement, mais avec un accent anglais très prononcé.

— Ce que je contemple? lui répondit Jacques en souriant, hé! ne le soupçonnez-vous pas?

— Je soupçonne, répondit l'étranger, que vous contemplez ce monument.

Jacques sourit de nouveau.

— Alors, pourquoi me questionnez-vous?

— Parce que, dit l'homme en blanc, si je comprends que vous contemplez ce monument, je ne comprends pas en quoi il vous intéresse.

— Ce qui m'intéresse, mon Dieu, monsieur, c'est sa beauté. Ne trouvez-vous pas ce temple extrêmement beau ?

— *Yes*, dit l'étranger, il est beau.

— *Yes ?* Vous êtes Anglais ? fit Jacques.

L'homme en blanc répéta avec un air de dignité satisfaite :

— *Yes*.

Ensuite, il interrogea :

— Ce monument est beau... Est-ce que c'est tout ? Est-ce qu'il n'est pas autre chose ?

L'orphelin sourit encore :

— Il est également ancien.

— Et puis ? Est-ce qu'il n'est pas autre chose que beau, qu'ancien ?

— Il est très petit, si on le compare aux Arènes.

— Beau, ancien, petit, oui... Et puis ?

L'ex-comptable rit franchement.

— A cette heure, éclairé de cette façon, il est bleu.

A la fois grave et enthousiaste, l'Anglais s'écria :

— C'est vrai, qu'il est bleu ! Et cela, si remarquable, cela n'est pas signalé dans mon guide Bædecker. Jeune monsieur, je vous en prie, dites, ce monument n'est-il pas autre chose que beau, qu'ancien, que petit...

— Petit, relativement.

— ... Et que bleu ?

— Il est, de plus, naturel.

L'homme en blanc réfléchit :

— Naturel! Naturel?... Je ne saisis pas.

— C'est que je m'explique mal, fit Jacques, ou du moins, c'est que je ne me suis pas assez expliqué... Ce temple me semble « naturel », en ce sens qu'il me semble appartenir à la place même qu'il occupe, qu'il me semble être né spontanément de ce sol même, à la façon d'un arbre qui pousse suivant la terre qui lui convient. Ainsi, pour me servir d'une autre comparaison (et j'espère bien qu'elle ne vous blessera pas), vous portez un vêtement tout blanc; eh bien, ici, cette couleur de vêtement est naturelle. Les Nîmois, qui vous voient passer et qui s'habillent, eux, de couleurs sombres, les Nîmois, je le parierais, vous trouvent extravagant; les extravagants, c'est eux, selon moi. Dans la ville où s'élève ce temple, il est naturel qu'on soit vêtu de blanc. Seulement, je vous avoue que si, par la couleur, votre costume est naturel, il ne l'est point par la forme.

— Ah! regretta sincèrement l'Anglais.

Jacques insista :

— Dans cette ville toute pleine de souvenirs du passé, dans cette ville antique, ce n'est pas un pantalon, ce n'est pas une veste, c'est une robe, une toge, que l'on devrait revêtir.

— Attendez, attendez! dit l'Anglais, cessant d'être grave pour arborer une physionomie tout illuminée d'enthousiasme. Et il ajouta :

— Est-ce que vous avez le temps?

— Le temps de quoi ?

— Le temps de rester avec moi...

— Jusqu'à quand?

— Jusqu'à deux ou trois jours, pour commencer, dit l'homme en blanc. Ensuite, nous verrons.

— C'est que, dit Jacques, je comptais partir, ce soir, pour Avignon... ou bien pour Arles.

L'Anglais soupira :

— Ce soir !... Je regrette vivement. Cela m'afflige beaucoup.

Et après un silence :

— Si vous aviez pu rester ici encore deux ou trois jours, continua-t-il, vous m'auriez beaucoup obligé. Moi, je vous aurais ensuite accompagné soit à Avignon, soit à Arles... Est-ce que cette combinaison n'est pas possible ?... Est-ce que vous m'autorisez à vous poser une question indiscrète ?

— Posez-la toujours, dit Jacques avec un sourire.

— Pour quoi faire allez-vous à Avignon... ou bien à Arles ?

L'orphelin répondit avec franchise :

— Pour y chercher du travail.

— Quelle espèce de travail, si vous m'autorisez encore ?

— Du travail de n'importe quelle espèce.

— Combien voulez-vous gagner ?

— Trois francs par semaine, logé et nourri, répondit l'ex-comptable du restaurant Tristenflu avec l'accent net d'un homme d'affaires.

L'Anglais sursauta, frappa très bruyamment des mains et s'exclama avec énergie :

— Trois francs par semaine ! Trois ! trois !

Jacques, supposant que l'étranger trouvait la somme trop forte, s'empressa de déclarer fièrement :

— C'est le prix que l'on paye en France.

— Pas en Angleterre !

L'homme en blanc prononça ces trois mots sur un ton sévère, presque indigné. Puis il proposa avec courtoisie :

— Logé et nourri, je vous donne dix francs par jour, je vous donne plutôt quinze francs par jour, je vous donne même

Je vous donne décidément une livre sterling.

vingt francs par jour, si, jeune monsieur, vous voulez bien avoir la complaisance de rester avec moi... pour m'apprendre.

— Vous apprendre quoi ? Je ne sais pas grand'chose...

— Vous savez ce que je ne sais pas, fit l'Anglais.

— Quoi ?

— Voir... Alors, voulez-vous avoir la complaisance de rester avec moi, pour m'apprendre..., pour me montrer ? Logé et nourri, je vous donne vingt francs, je vous donne décidément une livre sterling, vingt-cinq francs par jour. Vous restez dans ma compagnie?

— Sans hésiter, monsieur.

— A ce prix-là?

— Je l'estime princier.

— Si vous l'aviez désiré, fit le munificent Anglais, je vous aurais donné davantage.

CHAPITRE XVIII

OU JACQUES, OUVRANT LES YEUX, NE SAVAIT PAS CE QU'IL AVAIT ÉCRIT
PENDANT QU'IL AVAIT LES YEUX CLOS.

L'homme en blanc et Jacques s'éloignaient de la Maison carrée. Le petit garçon s'arrêta et, arrêtant l'attention de l'Anglais sur le beau temple, lui demanda :

— Vous avez déjà remarqué, sans doute, que la Maison carrée n'est pas carrée ?

— Comment, comment, elle n'est pas carrée ? s'étonna le nouveau patron de Jacques, en écarquillant ses yeux gris. *How! How!* C'est pourtant vrai qu'elle n'est pas carrée. Elle est... comment appelez-vous ?... elle est oblongue.

Et, tirant un crayon de son gousset, il écrivit sur un bloc-notes, qu'il appelait son *scribbling tablet* :

« Maison carrée est oblongue. Petit monument naturel et bleu... »

Après quoi, remettant vivement le crayon dans la poche de son gilet :

— *All right!* Partons, dit l'homme en blanc à son « montreur »... Du reste, nous devons revenir ici. Ne flânons pas.

Ils s'aventurèrent dans un lacis de rues étroites et tortueuses. Tout à coup l'Anglais s'arrêta net et interrogea :

— Connaissez-vous l'adresse d'un grand tailleur ?

— Non, monsieur, ni d'un petit non plus, du reste.

Mais, avisant aussitôt un gros sergent de ville qui ne disait rien, ne faisait rien et ne pensait à rien, le petit Cévenol lui demanda :

— Un grand tailleur, s'il vous plaît ?

Vêtements pour hommes ou pour dames ?

— Tailleur de quoi ? Tailleur de pierres ? ânonna le gardien de la paix publique en tortillant sa longue barbiche.

— Tailleur de vêtements.

Or, avec une gravité quelque peu niaise :

— Vêtements pour hommes ou pour dames ? bredouilla non sans solennité le considérable agent de police, qui, prenant à poignée sa barbiche, la mit dans sa bouche et sembla vouloir la brouter rêveusement :

L'Anglais précisa, ce qui fit ouvrir de grands yeux à Jacques:

— C'est pour une robe. U...ne ro...be.

Alors, sans cesser de mordiller les poils de son menton :

— Mme Léontine, seconde rue à droite, première rue à gauche, troisième maison à gauche, proféra l'agent avec importance.

— *Thank you*. Nous, jeune homme, cherchons cette Mrs. Léontine.

Seconde rue à droite, première rue à gauche, troisième maison à gauche. Un vaste magasin, aux glaces rehaussées de ettres d'or :

[MADAME LÉONTINE

A L'INSTAR DE PARIS ET LONDRES

ROBES ET MANTEAUX

L'homme en blanc et son inséparable Jacques entrèrent. Une femme entre deux âges s'avança vers eux, salua, regarda le plafond d'un air qu'elle croyait poétiquement langoureux, et attendit.

— C'est, dit l'Anglais, pour une robe.

— Parfaitement, monsieur. Parfaitement..., sans doute... mais...

— Mais, quoi ?

— Mais, observa la femme entre deux âges, nous ne « tenons » pas la confection. Nous ne faisons que sur mesure.

— Je veux sur mesure.

Comme son client ne s'expliquait pas davantage, la couturière s'informa, les yeux de nouveau levés vers le plafond :

— Et la personne. Il est nécessaire que cette personne vienne, pour...

L'homme en blanc l'interrompit :

— Pardon. Je crois que vous devez confondre. De quelle personne parlez-vous ?

— Je parle, monsieur, de la personne à qui la robe est destinée, répondit la couturière avec une conviction absolue.

Et l'Anglais, avec non moins de conviction :

— Elle est destinée à moi. Voulez-vous me prendre mesure tout de suite ? Je suis pressé, *yes*, très pressé.

Persuadée qu'elle se trouvait en présence d'un couple de mystificateurs, la couturière entre deux âges imagina sur-le-champ un stratagème pour les éconduire sans délai.

— Monsieur, dit-elle, dans notre maison, il est de règle qu'avant de prendre mesure on nous verse cent francs d'acompte... Oui, monsieur, c'est une règle sans exception...

Riant sous cape, toute joyeuse et fière d'avoir inventé ce moyen qu'elle supposait excellent, elle se mettait déjà en mouvement pour reconduire l'homme en blanc et son jeune compagnon jusqu'à la porte par laquelle ils étaient entrés. Soudain, elle s'arrêta médusée : l'Anglais avait ouvert une bourse à mailles d'argent et lui tendait non pas cinq, mais dix louis.

— Voilà... voilà deux cents francs, madame : cent pour moi et cent... pour monsieur.

Il désigna Jacques.

— Vous prendrez aussi mesure du jeune monsieur.

Certes, la couturière avait accepté les dix louis (dix louis, cela ne se refuse pas). Cependant, elle demeurait extrêmement perplexe. A tout hasard, elle articula, en s'assurant des yeux que son plafond n'avait pas changé de place :

— C'est pour une robe, comment ?

— Robe romaine. Une toge en laine blanche, toute blanche pour moi, et une pour monsieur. Je suis pressé... Lui aussi.

La couturière eut un geste de joie et de soulagement :

— Enfin, monsieur, enfin, je comprends... C'est pour jouer la tragédie ? Peut-être le grand opéra ? Peut-être la pantomime ?

La couturière prit mesure, d'abord de l'Anglais...

— Je vous dispense tout à fait de comprendre, fit l'homme en blanc avec une entière indifférence. Dépêchez-vous seulement, madame.

La couturière prit mesure, d'abord de l'Anglais, puis du « montreur ». Ensuite, elle risqua, en constatant derechef que son plafond était immuable :

— Bien entendu, messieurs, les deux cents francs ne sont qu'un acompte.

— Je payerai ce qu'il faudra.

Et, ayant prononcé cette bonne parole, l'homme en blanc demanda :

— Quand sera-ce prêt ?

— Dans cinq jours.

— Non, dans deux jours. Je veux dans deux jours, fit nettement l'Anglais. Vous, est-ce que vous voulez aussi ?

— Puisque vous l'exigez, minauda la couturière, en fascinant la corniche du regard, tout sera terminé.

Et l'Anglais épela gravement :

— John Browning, hôtel *Mondragon-Bacri*. Après-demain, à midi, on m'apportera les deux robes et la note. Je payerai... *yes*, je répète... je payerai ce qu'il faudra.

— Hôtel *Mondragon-Bacri*, répéta la couturière en inscrivant l'adresse sur son registre de commandes.

— Hôtel *Mondragon-Bacri!* répéta Jacques avec un mouvement d'effroi.

L'Anglais s'apprêtait à sortir lorsqu'il remarqua le geste terrifié de son jeune guide.

— Que veut dire ? demanda-t-il en s'arrêtant court. Est-ce que cet hôtel n'est pas convenable ?

Stupéfait, interloqué, le neveu de Mme Isabeau ne lui répondit que par une grimace d'angoisse, mais par une grimace si éloquente, qui exprimait une répugnance si vive, que l'homme en blanc, soudainement convaincu que l'hôtel *Mondragon-Bacri* n'était pas convenable, soupira, s'excusant presque :

— *How!* vraiment, je ne savais pas !

Ensuite, interpellant la couturière entre deux âges :

— Et vous, madame, saviez-vous ?

Alors, la femme, ayant lancé vers les angles supérieurs de la pièce quelques œillades tournoyantes, prononça avec volubilité un discours par lequel l'orphelin apprit d'abord quel motif conduisait M. Jean-Paul chez le père Tristenflu, ensuite de qui M. Jean-Paul portait le deuil.

— Oui, monsieur John Browning, dit-elle, en effet, oui, je savais par Mme Couette, qui est donc la lingère de l'hôtel en question, et par Mme Lambert, qui tient donc le café en face, que, depuis quelque temps, ça ne fonctionnait plus comme auparavant à l'hôtel *Bacri*. Ça serait calomnieux de prétendre que cette maison n'est pas convenable parce qu'elle est, à la vérité, convenable. Mais le service y est affreusement mal fait... Peut-être que vous n'ignorez pas, monsieur John Browning, peut-être aussi que vous ignorez que la propriétaire de l'hôtel, la veuve Mondragon-Bacri, est défunte, décédée, morte, il y a eu ce matin quarante-trois jours. C'était une bien vilaine juive, monsieur Browning ; pourtant (que le bon Dieu ait son âme !) il faut lui rendre cette justice que son hôtel était le plus confortable, le mieux tenu de la ville de Nîmes. Maintenant, ça n'est plus la même chose, ah ! non ! plus du tout !... Mme Mondragon-Bacri n'a laissé qu'une fille, la belle Isabeau, qui, en fait, est mariée au possesseur des Nonnains, à douze ou quinze lieues d'ici,... et vous pensez que ce châtelain, à la fois éloigné et cossu, ne se soucie pas le moins du monde de gérer un hôtel, et que tout ce qu'il peut faire de mieux, c'est de s'occuper de le vendre. C'est donc ce qu'il fait en ce moment. Mais, en attendant que l'hôtel soit acheté par une personne du métier, tout y est désorganisé, à la débandade, au pillage. Le cuisinier, depuis qu'on ne le surveille plus, fabrique économiquement du thon avec du vieux veau, et le sommelier confectionne son bordeaux avec de la piquette et de la râclure d'amandes. Authentique ! Même, entre nous, je soupçonne Mme Couette de ne pas changer les draps de lit chaque fois qu'il convient de les changer; dans tous les cas, Mlle Lambert m'a assuré que les clients, quand ils essuyaient, le soir, leur bouche avec leur serviette, couraient le risque de tâter des choses... brins de vermicelle, peaux de figue, taches de graisse... bref, des choses que, le matin, d'autres clients y avaient laissées.

L'Anglais interrompit ce débordement de détails peu ragoûtants qui menaçait de ne plus finir :

— *Shocking !*... Il suffit. Je suis convaincu... Quel est, maintenant, le meilleur hôtel de Nîmes ?

— L'hôtel de *la Manivelle*, monsieur Browning.

— Loin, cette *Manivelle* ?

— Non, monsieur, très près au contraire, 20, avenue Victor-Hugo... Droit devant vous, jusqu'à ce que vous le trouviez.

— Fort bien; après-demain, à midi, on m'apportera les deux robes, avec la note, à *la Manivelle*... John Browning. Je vous salue.

L'homme en blanc et Jacques sortirent; et, cependant que le neveu de M. Jean-Paul Magardès, éclairé maintenant sur les projets de son oncle, allait retenir deux chambres à l'hôtel de *la Manivelle,* le généreux original, sautant dans une voiture, courait retirer ses nombreuses malles de l'hôtel *Mondragon-Bacri.*

Ils se rejoignirent à une heure de relevée, l'un et l'autre défaillants de faim. Ils mangèrent comme deux ogres, sans s'entre-regarder, sans souffler un seul mot. Toutefois, au dessert, John Browning demanda :

— Qu'est-ce que vous allez me montrer ?

— Les Arènes, proposa Jacques, en attaquant un baba.

— Non, certainement! Les Arènes, la tour Magne, les thermes, le temple de Diane, nous les verrons seulement lorsque nous aurons nos robes.

— Ah! oui, nos fameuses robes! dit le guide en avalant une meringue. Tout à l'heure, chez la couturière, je n'ai pas voulu vous interroger ; mais, à présent que nous voilà seuls tous les deux, vous daignerez bien m'apprendre pourquoi vous avez commandé ces toges ?

Browning riposta :

— *How?* Il ne faut pas plaisanter! Vous m'avez expliqué vous-même que, devant la Maison carrée, un pantalon, une veste, étaient dérisoires, qu'une toge conviendrait mieux, conviendrait seule.

— Certes, prononça Jacques en pelant une banane, et je le maintiens hardiment.

— C'est pourquoi nous mettrons ces toges.

— Comment, nous mettrons ces toges, vous et moi, monsieur, pour aller revoir la Maison carrée ?

— Et les Arènes! et la tour Magne! et tous les monuments romains! *Yes! yes! yes!...* Cela vous étonne?

Jacques objecta, avec un peu d'inquiétude :

— On nous regardera comme des bêtes curieuses.

Mais l'Anglais décréta avec un mépris à la fois superbe et tranquille :

— *On*, je ne le connais pas... Certes, je sais bien que, pour un Français, *on*, c'est les autres Français; pour un Anglais, *on*, ce n'est personne. En France, *on*, c'est le grand mot, le mot important, essentiel; en Angleterre, le mot important...

— C'est le mot *moi*, acheva Jacques.

— *Yes*, fit délibérément Browning en se levant de table... Il est trois heures, le temps se passe... Qu'est-ce que vous allez me montrer?

— La campagne, si vous voulez.

— *Please!* S'il vous plaît.

Et ils partirent, à pied.

Jusqu'à la tombée de la nuit, ils se promenèrent, sans prendre une minute de repos, dans les environs de Nîmes. Ils rentrèrent, harassés, affamés, et mangèrent, cette fois, comme quatre ogres; puis ils montèrent se coucher.

— Voilà vos vingt-cinq francs, dit l'Anglais, avant de disparaître dans sa chambre. Je suis enchanté de vous; j'apprends à bien voir. J'ai vu, grâce à vous, les nuages; c'est surprenant, j'ai vu le ciel. *All right!* A demain, mon guide, et dormez bien.

— Dormez bien, monsieur, souhaita à son tour Jacques, en enfermant les vingt-cinq francs dans son petit porte-monnaie, qui ne s'était pas souvent trouvé à pareille fête.

En se déshabillant, il songea :

— Pour peu que cela continue, je vais amasser une vraie fortune; je pourrai me rendre à Marseille... Il ne me reste plus qu'à trouver le moyen d'être accueilli par mon cher général, sans qu'il me reconnaisse... Mon Dieu, vous qui êtes si bon, mon Dieu, venez à mon aide, inspirez-moi, car, quoique ce brave homme d'Anglais me suppose très subtil, je me sens terriblement dépourvu d'intelligence aujourd'hui !

Il s'endormit sur cette humble réflexion.

Et, selon son habitude, il eut un rêve, un joli rêve.

Dans ce rêve, il rencontrait *quelqu'un* des Nonnains. Il ne savait pas au juste si ce *quelqu'un* était Chaffre, ou M. Gordes, ou Achilesse, ou Mme Isabeau, ou la gentille petite Aimée. Mais, n'importe. Afin de juger s'il avait suffisamment changé de physionomie et d'allure, l'orphelin se montrait complaisamment à ce *quelqu'un*, et ce *quelqu'un* le regardait d'un œil indifférent, comme on regarde un passant inconnu. Vite, Jacques, tout à fait encouragé par ce premier résultat, s'asseyait dans un café et écrivait au général, puis il allait porter cette lettre au domestique de la villa du Prado, en lui disant : « J'attends la réponse. » Alors, Pagliani en personne venait vers Jacques, et ne le reconnaissait pas; cependant, il l'invitait avec douceur : « Entrez, jeune homme; je ne sais pas qui vous êtes, mais vous vivrez auprès de moi. »

Tel fut le rêve qui charma la première nuit passée par l'orphelin à l'hôtel de *la Manivelle*.

Il se réveilla vers six heures. Il se réveilla plein de joie, parce que, désormais, il tenait son plan, un plan si simple ! Son rêve lui avait indiqué le vrai moyen à employer pour approcher Pagliani ; pour être admis auprès de lui, il suffisait de lui écrire une lettre !

Soit, mais quelle sorte de lettre ?

Dès qu'il se fut posé cette question, Jacques retomba dans des hésitations inextricables.

Accoudé sur son oreiller, le pauvre petit cherchait à préciser les détails trop vagues du songe qui l'avait leurré ; il n'y réussissait pas.

Sans doute, il se rappelait fort bien avoir écrit au café avec de l'encre violette, sur un papier gris bleu, qu'il avait inséré dans une enveloppe très grande. Il se rappelait aussi que l'écriture de la lettre était dissimulée, complètement méconnaissable. Mais là s'arrêtaient ses souvenirs.

Malgré tous ses efforts, il n'arrivait pas à reconstituer une phrase, un mot exact, un seul des mots adressés à Pagliani. Chose plus grave encore, il ne réussissait pas même à retrouver le sens, les termes généraux de son épître magique.

— Alors, je n'ai plus mon plan ! Je n'en ai plus que la moitié !

Il se désolait, quand il entendit frapper tout à coup à la porte de sa chambre.

— *Hallo!* C'est moi. *Good morning!*... Il faut venir, *old fellow,* me montrer..., m'apprendre, dit la voix de John Browning. Je suis très pressé, plus pressé qu'hier.

CHAPITRE XIX

SOUS LA TOGE.

Depuis trois jours, l'Anglais et son « montreur » déambulaient, revêtus des toges blanches que Mme Léontine, avec l'aide inavouée d'un costumier du Grand-Théâtre, avait confectionnées à leur usage. A l'ébahissement ineffable de la population nîmoise, ils s'étaient, l'avant-veille, longuement, solennellement, promenés devant les colonnes légères, bleuâtres, harmonieuses, de la Maison carrée, pourtant oblongue; sans accorder la plus légère attention aux commentaires des badauds, qui opinaient : « Ce sont des gens qui ont parié de se promener en chemise de nuit », ou encore : « Ce sont deux fous », Browning et Jacques avaient fait douze fois le tour des Arènes colossales; moyennant une large gratification allouée à un concierge sensible, ils avaient pu, pénétrant dans ces Arènes, s'asseoir sur les gradins (aux places jadis réservées au proconsul, aux procurateurs, aux vestales), puis fouler ce sol imprégné du sang des mirmillons et des rétiaires, des samnites et des thraces, des chrétiens et des lions. Ils avaient visité, la veille, les thermes, le temple de Diane, et ils avaient grimpé au haut de la tour Magne branlante, au risque de se tuer. Parmi ces ruines romaines, sous ce vêtement romain, le fils d'Albion goûtait d'indicibles joies.

Rien ne les retenait plus à Nîmes; aussi, brûlant la politesse aux badauds qui s'acharnaient infatigablement sur leurs talons, ils partirent pour le chef-lieu du département de Vaucluse.

A Avignon, les vestiges de la Rome impériale sont précaires ; si Avignon garde des souvenirs d'une Rome abolie, c'est de la Rome pontificale.

Devant ce château illustre où les papes résidèrent, une toge est anachronique et vaine..., du moins, le « montreur » l'affirma.

— Oh ! pardon, objecta l'Anglais. Les papes comme les césars étaient vêtus de blanc.

— Parbleu, les mariées aussi sont vêtues de blanc ! répliqua Jacques avec une vivacité voisine de l'agacement. La couleur du costume ne signifie rien sans la forme, monsieur ! Un ruban bleu et le firmament bleu sont des choses bien dissemblables ! Le vêtement du souverain pontife, sobre, austère, ne rappelle pas notre toge trop somptueuse ; la robe papale est presque sans plis, immuable ; au contraire, nos robes de César, regardez comme elles se plissent, comme elles sont changeantes.

Et il agitait sa toge, s'en couvrait la tête, la faisait onduler et bouffer.

— Alors ?

— Alors, monsieur, mettons-nous en quête d'une hôtellerie bien tenue, dînons de bonne heure, et couchons-nous dans des lits confortables. Demain matin, réveillons-nous avant le point du jour, et montons sur ce haut rocher qu'un passant m'a dit tout à l'heure s'appeler *le rocher des Dons*.

— Mon guide Bædeker le dit également, constata l'Anglais non sans quelque mauvaise humeur.

Ils avaient pu, pénétrant dans les Arènes, s'asseoir sur les gradins.

— Nous verrons, de là-haut, le soleil se lever sur le Rhône. Cela doit être infiniment beau.

— Pour voir le soleil se lever, *my boy*, nous n'aurons pas besoin de toge, je pense?

— Evidemment non, affirma Jacques en riant, nous n'en aurons pas le moindre besoin.

Cette réponse sembla contrister l'Anglais qui, pendant un moment, garda un profond silence. Il avait croisé les bras, figé, dans une attitude glacée, sculpturale; son compagnon respectait, en silence, ses réflexions.

— Ecoutez, dit brusquement Browning, je vous avoue que cela m'affligerait beaucoup de renoncer déjà à cette robe, parce qu'ainsi vêtu, je me sens tout à fait à l'aise, et je comprends mieux, et il me paraît que je suis beaucoup plus beau. Sincèrement, à qui... à quel empereur pensez-vous que je ressemble?

Et, se drapant gravement dans sa robe blanche, il commença d'énumérer :

— A Marc-Aurèle?

— Vous voulez que je réponde sincèrement?

— Il faut toujours répondre sincèrement.

— Eh bien, non, si je m'en rapporte à des souvenirs de vieilles images, vous ne ressemblez pas du tout à Marc-Aurèle, affirma gaiement le « montreur ».

— A Titus?

— Par les cheveux? Hé, non! même pas... Sincèrement, non, vous ne ressemblez pas à Titus?

— Alors à Tibère? A Caracalla? A Jules César? A Claude? A Héliogabale?

— Non, non ! répondait toujours Jacques.

— *How?* Alors, je ne ressemble à aucun empereur ?

— Si fait, vous ressemblez à un empereur ; cela, j'en suis sûr. J'ai fait, à part moi, cette remarque, lorsque, pour la première fois, vous m'êtes apparu sous la toge blanche.

— Pourquoi ne pas l'avoir tout de suite révélé ? dit Browning. Je vous paye, je vous achète vos idées, vous me les devez...

— C'est pour cela que je les choisis ; quand je les trouve trop biscornues... je les rejette.

L'Anglais sourit une seconde, puis redevint grave.

— Vous me volez, sans vous en douter, dit-il doucement. Les idées biscornues ou qu'on suppose biscornues m'intéressent plus que toutes les autres... Ainsi, vous l'avouez à l'instant, vous avez remarqué jadis que, sous la toge, je ressemble à un empereur, et vous ne m'avez pas, vous, mon montreur, montré à moi-même !... C'était pourtant intéressant pour moi ; c'était le plus intéressant... Voyons, dites-le-moi, à présent : à quel empereur ressemblé-je ?

— Ne bougez pas, répliqua Jacques en l'envisageant longuement, avec le sérieux d'un photographe professionnel. Froncez un peu votre front. Passez un peu de votre robe autour de votre crâne... Pan ! avec le pan, ça y est !... Ce soir, monsieur Browning, vous prendrez l'attitude où vous voici à cette minute, et vous vous regarderez dans votre glace. Vous ressemblez à l'empereur...

— A l'empereur Auguste, crut deviner l'Anglais.

Mais, se pinçant au flanc pour demeurer sérieux, le guide s'écria :

— Que non! Vous ressemblez à l'empereur Ménélick!

John Browning ne broncha pas.

Le soir, à table, il énonça à voix anormalement haute :

— Ménélick est un grand, très grand empereur.

Puis, lorsqu'il monta se coucher :

— Je vous crois, souffla-t-il à Jacques, j'ai confiance en vous, en vos yeux; je me suis miré dans ma glace. C'est tout à fait Ménélick! Frappant! Voilà vos vingt-cinq francs.

Jacques se dit en empochant le louis et l'écu quotidiens :

— Ce brave Browning! Il affecte un air d'indifférence... C'est égal, en le comparant à ce moricaud, je suppose bien l'avoir dégoûté de la toge.

Le petit garçon se trompait profondément, parce qu'il raisonnait à la française, parce qu'il attribuait à « ce brave Browning », méprisant du qu'en-dira-t-on, cette terreur du ridicule qui tue tant de bons instincts et de bonnes volontés chez les gens de notre cher pays. Le lendemain, au lever du soleil, l'Anglais fit son apparition revêtu de sa toge blanche, et, pour témoigner qu'il ne l'avait pas mise sans motif valable :

— *Quick!* cria-t-il à son guide surpris. Dépêchez-vous. Je suis très pressé... Nous quittons Avignon.

— Ce matin?

— A l'instant même... Nous allons visiter le théâtre d'Orange.

En route donc pour Orange! Ils y arrivèrent tout juste pour le repas de midi. Six heures devant le théâtre romain et ils l'eurent suffisamment vu. Ils partirent pour Arles. En robe blanche? Certainement. En robe blanche, *for ever!* Et, dame! à Arles, les ruines romaines ne manquent pas.

Or, il y avait trois jours qu'ils remorquaient derrière leur toge la troupe ébaubie des curieux et des oisifs arlésiens, quand, un soir, l'Anglais, assis sur une stèle des Aliscamps (1), déclara soudainement :

— Je suis véritablement fâché, désolé ; mais, pour le moment, je n'ai plus besoin de vous, parce que je retourne à Londres, aujourd'hui même, par le train de minuit. Obligé... Une dépêche me rappelle tout de suite.. Et vous, où allez-vous ?

Jacques répondit, hésitant, un peu surpris :

— Mon Dieu, j'irai... j'irai...

Mais la pensée de revoir bientôt le cher général Pagliani fit battre son cœur de joie :

— J'irai à Marseille, acheva-t-il allègrement.

— Parfait, splendide ! s'écria John Browning, ravi. Dans quelques semaines... attendez, je vous prie, que je compte exactement... Le premier juin, *yes*, le premier, je serai à Marseille, au grand hôtel *du Louvre et de la Paix*. Et vous me ferez le plaisir de venir m'y demander. Si vous voulez, nous descendrons ensemble jusqu'à l'île de Corse. Napoléon ! Napoléon !

— Certes, promit Jacques, j'irai vous demander à l'hôtel *du Louvre et de la Paix*. J'aurai, monsieur Browning, le plus grand plaisir à me retrouver avec vous et à vous remercier de vos bontés. Quant à la Corse...

— Comment ! l'île de Napoléon ne vous tente pas ?

Jacques, tout à l'idée de retrouver son grand ami, répondit avec conviction :

---

(1) Les Champs-Élysées. Ancien cimetière d'Arles.

— Lorsque je serai à Marseille, je crois bien que j'y resterai.

Browning prononça gravement :

— Vous le croyez, vous n'en êtes pas sûr ; vous ne savez pas, car un Français ne sait jamais, même un très gentil Français comme vous. Réservez donc votre décision. Moi, je suis Anglais, et je sais, je vous dis, que je me trouverai au grand hôtel *du Louvre et de la Paix*, le premier juin, et que je descendrai jusqu'à l'île de Corse. Et vous, le premier juin, vous me direz si *yes* ou *no*, vous traversez la mer avec moi... *All right!* Voilà vos vingt-cinq francs, et un *shake-hand*..

— Merci, monsieur ; votre poignée de main me cause autant de plaisir que votre argent ; vous êtes un homme charmant.

— Vous aussi, *old fellow*, affirma Browning. Vous m'avez appris beaucoup de choses agréables... que la Maison carrée est naturelle... que je ressemble à l'empereur Ménélick...

— En moins noir, atténua Jacques.

— Mais je lui ressemble quand même ! Regardez encore une fois... Qui sait ? Je n'aurai peut-être plus l'occasion de revêtir cette belle toge !... Je lui ressemble, n'est-ce pas ?

L'orphelin répondit le plus sérieusement qu'il put :

— Vous lui ressemblez d'une façon frappante.

— Parfait ! Je suis enchanté, très enchanté !

Sur ce, sortant à longues enjambées des Aliscamps, l'original et sympathique insulaire s'en alla boucler ses malles.

CHAPITRE XX

GROSSE DÉCEPTION, GROS CHAGRIN.

John Browning avait pris le rapide de minuit, pour Paris; Jacques, qui avait accompagné son Anglais à la gare, eut l'idée de demander au guichet où l'on délivre les billets :

— A quelle heure le premier train pour Marseille?

— Dans cinq minutes.

L'orphelin réfléchit un instant; puis, brusquement décidé :

— Une troisième, Marseille, dit-il. Ma foi, je pars aussi, ce soir.

— Si vous partez aussi ce soir, c'est que vous prendrez des secondes, car ce train ne comporte pas de troisièmes, ricana l'employé goguenard.

Jacques se savait riche, extrêmement riche; pensez donc, il sentait (quel bon métier que celui de « montreur! ») plus de deux cents francs remuer dans sa poche. Il dit :

— Seconde, Marseille.

Il entra dans la salle d'attente, la traversa, passa sur le quai. Le temps de compter jusqu'à cent, et il montait en wagon.

Dans ce train, trois voyageurs en redingote noire somnolaient funèbrement. Jacques faillit jeter un cri en reconnaissant, dans l'un de ces voyageurs à la mine assoupie et sinistre, l'officier de santé Regnaud.

L'orphelin, incommodément pelotonné dans l'un des coins du wagon, avait rabattu par prudence son chapeau de feutre sur ses yeux, voire sur son nez. Il conserva cette modeste posture pendant un certain nombre de minutes. Après quoi, revenant de la surprise et de l'émotion par lui ressenties à la vue de ce fâcheux, il se gratta le menton, puis se dépelotonna un peu, très peu, et il pensa avec quelque mélancolie :

— A quoi bon m'être offert un ticket de seconde classe, si, malgré cette dépense, je suis contraint de m'accroupir, de m'amenuiser et de me tire-bouchonner, comme si j'occupais un coin, en fraude, dans un wagon à bestiaux? Dire que moi qui ne veux léser les intérêts de personne, mais seulement tenir dans la vie la place que je mérite, que je gagne, et rien de plus, dire qu'il me faut trembler comme un coupable, me dissimuler comme si je fuyais les gendarmes!

Jacques se gratta de nouveau le menton ; puis il se rapetissa et s'amincit un peu moins, très peu.

— Après tout, si je me pelotonne, si je me cache, continua-t-il de penser, c'est parce que je le veux bien... De quoi ai-je peur? D'être reconnu par ce nigaud? Dans ce cas, ne suis-je pas, moi, plus nigaud encore?... Comment! je cherche à me dérober aux regards de ce Regnaud et je vais m'étaler à ceux de mon gentil général? Je crains que celui-là ne me reconnaisse et non pas celui-ci? Quelle stupidité, quelle inconséquence!... Hé, sans doute, il y a moins d'un an que l'officier de santé ne m'a vu, tandis qu'il y a trente longs mois que je suis séparé de mon cher Pagliani ; mais le général est un aigle et le prétendu docteur est une buse ; ou encore (pauvre vieux Chaffre! cette comparaison le réjouirait) le premier est un lynx et le second une bécassine... Au demeurant, puisque l'occasion s'en présente, je vais tenir compte du fameux rêve que j'ai eu à l'hôtel de *la Manivelle* : dans ce songe, je rencontrais *quelqu'un* qui, me connaissant très bien, ne me reconnaissait pas du tout. M. Regnaud me connaît incontestablement très bien ; alors il s'agirait de savoir si...

Jacques souleva légèrement son chapeau de feutre ; il montra le bout de son nez.

— ... Oui, il s'agirait de savoir si M. Regnaud me reconnaîtra ou non.

Jacques souleva davantage son feutre, de façon, cette fois, à montrer son nez et même le bas de ses yeux.

Il demeura un instant ainsi, immobile. Ensuite, s'enhardissant plus encore :

— M. Regnaud ne m'a pas reconnu, se dit-il d'une manière confidentielle et joyeuse.

Sur ce, il découvrit entièrement ses deux yeux.

Jacques attendit, sans remuer. Qu'allait-il se produire ? Il ne se produisit rien du tout, et le fils de M. Maurice, le petit compagnon chéri d'Aimée Gordes, se dit avec béatitude :

— M. Regnaud ne me reconnaît point.

Cependant, le garçonnet baissait encore la tête, osant à peine regarder le bout de ses propres chaussures. Tout à coup, prenant courage, il haussa le front, tourna les prunelles vers M. Regnaud, le considéra bien en face... Certes, celui-ci ne reconnut pas Jacques, et pour cause... L'officier de santé dormait les poings fermés, la bouche ouverte et les narines en l'air.

Cette déconvenue rendit l'orphelin, tout d'abord, furieux. Mais il se rasséréna instantanément en se posant cette honnête et franche question :

— Est-ce que, par hasard, j'aurais un mauvais caractère? Oh! oh! monsieur Jacques Magardès, si vous aviez cette maladie-là, je saurais bien vous en guérir, sans l'assistance de ce simili-docteur qui ronfle là... Qu'est-ce que c'est que ces vilaines manières? Vous vous fâchiez tout à l'heure parce que M. Regnaud était à même de vous voir, et vous vous fâchez à présent parce que cet individu, avec ses paupières chargées de sommeil, n'est plus en état de vous contempler?... Ainsi, vous n'êtes jamais content! Vous osez grogner quand vous allez, la poche toute bourrée d'or, rejoindre votre gentil général? C'est du propre!

Comme pour se mieux persuader, le monologueur prononça, inconsciemment, ces mots fatidiques à pleine voix : « C'est du propre! » Le wagon en retentit.

Du coup, les trois voyageurs aux vêtements et aux mines funèbres sursautèrent en même temps. L'un, le plus gros, gonfla ses joues, souffla bruyamment et se rendormit. L'autre, le plus mince, se dressa, se rassit et se rendormit également. Le troisième, que nous connaissons, entre-bâilla les paupières, ferma la bouche, ouvrit les poings. Évidemment, il allait se rendormir sans retard, comme les deux autres, mais Jacques tenait à son expérience; ôtant gentiment son feutre, il interpella le nommé Regnaud en ces termes plus que civils :

— Excusez-moi, monsieur, d'oser ainsi vous adresser la parole à brûle-pourpoint...

Flatté de cette extrême courtoisie, le voyageur somnolent

écarquilla des paupières alourdies et ébaucha un geste pardonnant.

— Voulez-vous avoir, monsieur, continua le garçonnet, la gracieuseté de me renseigner sur l'heure...

— Il est, interrompit l'officier de santé en tirant sa montre, il est une heure cinquante-cinq.

— Je vous remercie beaucoup, monsieur; toutefois, ce n'est point là ce que je désirais vous demander.

— Ne m'avez-vous pas demandé l'heure?

— Ce que je souhaitais savoir, c'est, monsieur, l'heure à laquelle notre train arrive à Marseille.

— Ça, proféra M. Regnaud, ça, je ne vous le dirai pas.

— Pourquoi donc? s'étonna doucement l'orphelin.

L'autre répondit avec un gros sourire un peu niais, mais très satisfait, très emphatique :

— Je ne vous le dirai pas parce que je l'ignore totalement. Je sais que le train arrive à Marseille avant le jour; voilà tout.

Ayant dit, il se tut, croisant les avant-bras et affectant un air compassé.

En somme, c'est à peine si, dans la pénombre du wagon, il avait, durant une seconde, daigné jeter la vue sur son jeune interlocuteur. Celui-ci voulut le contraindre à un examen plus attentif, et voilà pourquoi, payant d'audace, il se rapprocha vivement de l'officier de santé et s'écria presque aussitôt :

— Pardon, monsieur! Pardon, si je me trompe! Mais, vraiment, il me semble vous reconnaître...

Cette fois, M. Regnaud regarda Jacques longuement et de tous ses yeux.

— Moi aussi, au fait, prononça-t-il, il me semble vous avoir déjà vu quelque part, il y a longtemps, bien longtemps... Attendez ! je crois que j'y suis. Ne seriez-vous pas, d'aventure, le neveu de M. Jean-Paul Magardès ?

— Ne seriez-vous pas, d'aventure, le frère du laveur de vaisselle de l'hôtel de *la Manivelle*, à Nîmes-la-Romaine ? questionna Jacques, du tac au tac, pour s'éviter l'embarras de répondre.

— Le frère d'un laveur de vaisselle !

Pouah ! cette pensée qu'on pouvait le prendre pour un individu d'extraction si basse, de rang si abject, pouah ! pouah ! cette pensée révolta complètement le prétentieux Regnaud.

— Et d'abord, jeune homme, proclama-t-il, apprenez que je n'ai aucun frère ! Laissez-moi ajouter que si j'en possédais un, il ne laverait la vaisselle, ni à l'hôtel de *la Manivelle*, ni ailleurs ; il ne serait pas laveur de vaisselle le moins du monde ! Sans orgueil, j'imagine que j'ai le droit et même le devoir d'affirmer hautement que, si la nature m'avait donné un frère, j'en aurais fait quelque chose de plus relevé, attendu que je ne manque ni de ressources, ni d'une certaine autorité. Je suis...

S'étant un instant interrompu pour considérer ses deux acolytes, afin de s'assurer prudemment qu'ils dormaient, et qu'en conséquence ils ne pouvaient pas l'entendre mentir, l'officier de santé poursuivit audacieusement :

— Je suis docteur, je suis docteur en médecine. Je suis monsieur le docteur Regnaud d'Anduze.

Jacques comprima une forte envie de rire.

— Très confus de ma méprise, dit-il en s'inclinant, et très

flatté, monsieur, de faire la connaissance d'un homme aussi instruit... Et moi, monsieur le docteur, pour qui me preniez-vous tantôt? Pour un neveu, je crois? Le neveu de qui?

— J'étais également tombé dans l'erreur. La personne avec laquelle je vous confondais tout à l'heure est plus jeune, moins grande, et, surtout, moins râblée que vous. Je m'y entends, c'est mon métier: eh bien, vous avez un tempérament à la fois sanguin et nerveux, une complexion singulièrement vigoureuse. L'autre, le garçon pour qui je vous ai pris à tort, est plutôt délicat, lymphatique... Au demeurant, la forme, la coupe du visage diffère complètement de la vôtre. Seule, l'expression de vos yeux, peut-être...

Et le niais acheva en hochant à la fois funèbrement et glorieusement la tête :

— Oui, c'est l'expression des yeux qui m'avait induit en erreur... Ma foi, *errare humanum est!* comme on dit à la Faculté.

— Vous parlez latin? feignit de s'émerveiller Jacques.

A quoi son interlocuteur répondit avec un geste de négligence superbe :

— Voyons, jeune homme, voyons..., serais-je docteur sans cela?

Or, si l'officier de santé croyait fermement que Jacques n'était pas Jacques, l'orphelin, par contre, savait pertinemment que Regnaud, étant Regnaud, connaissait de la langue latine, en tout et pour tout, les deux ou trois locutions que l'on apprend aux perroquets avant de les vendre, et aux sous-préfets avant de les envoyer prononcer, entre deux fanfares sonores, un discours d'inauguration. Et, comme le médecin gardait maintenant le silence, le garçonnet (qui, lui, possédait à fond ses auteurs classiques), ajouta, non sans malice :

— *Nec verba volenti sufficiunt* (1), dit Ovide, au livre quatrième de ses *Métamorphoses*... Est-ce que la Faculté le dit aussi?

— Parbleu! nécessairement qu'elle le dit, indubitablement qu'elle le dit, souffla M. Regnaud, sans comprendre, et fort décontenancé.

Laissant retomber sa tête vers sa poitrine, il fit semblant de se rendormir.

Cependant, il ne tarda pas à faire semblant de se réveiller, et il demanda à Jacques :

— Jeune homme, avez-vous lu hier les gazettes?

— Non, monsieur.

— Tant pis ; vous y auriez vu qu'un congrès médical va se réunir à Marseille : les questions les plus graves y seront agitées, et, pour ma part, je présenterai deux ou trois communications d'une importance capitale... Ces messieurs qui m'accompagnent, qui dorment, sont aussi des médecins. Toutefois... (Est-il bien sûr au moins qu'ils dorment?), j'ai une confidence à vous faire... (Oui, ils dorment, et même ils ronflent)... Dès lors, gardez-moi le secret, ces messieurs ne sont pas docteurs : celui-ci M. Odol, d'Uzès, celui-là, M. Gougorde, de Florac, ne sont, l'un et l'autre, qu'officiers de santé!

— Ils sont... comment dites-vous? interjeta Jacques véritablement ébahi de tant d'aplomb.

— Officiers de santé, jeune homme!... Deux ânes, quoi !

(1) Et les paroles ne se présentent plus pour obéir à son désir, n'obéissent plus à sa volonté.

Et la vraie bourrique des trois, M. Regnaud, se mit à rire. D'ébahi, Jacques devint ahuri ; il savait que bon nombre d'officiers de santé, instruits, dévoués et modestes, rendent d'incontestables services ; il savait aussi que le fat et incompétent Regnaud avait, moins que personne, le droit d'étaler de tels mépris.

Or, il devait y avoir très longtemps qu'ils conversaient l'un avec l'autre, car, le train s'étant arrêté, ils entendirent un employé glapir :

— Marseille ! Tout le monde descend ! A droite, la sortie ! Préparez vos billets ! Marseille !

Laissant là son interlocuteur, l'orphelin descendit de voiture avec la promptitude de quelqu'un que les bagages n'embarrassent pas. Il passa devant une porte à claire-voie, donna son ticket, marcha droit devant lui, leva les yeux, vit un ciel bleu tout parsemé d'étoiles pâlissantes. Les mains jointes sur sa poitrine, il respira à pleins poumons.

— L'air de Marseille, murmura-t-il avec une joie enfantine, l'air que respire mon cher, mon adoré général !

Il resta sourd à toutes les invites des voituriers d'hôtel et des cochers de fiacre. Que diable, il n'était pas fatigué ! Il connaissait sa route, voyons ! Au pas de course, il descendit jusqu'au Prado.

Le jour se levait. La brise fraîche de la mer toute proche animait les feuillages légers des platanes. Jacques s'approcha de la villa silencieuse où son cher Pagliani et son pauvre papa lui avaient, jadis, prodigué tant de caresses ; il contempla le jardin un peu négligé, et les fenêtres hermétiquement closes.

Le général Pa[...]anse porte-t-il bien?

Après quoi, il s'éloigna, assombri d'une tristesse soudaine, inexplicable, il s'éloigna à petits pas... Il reviendrait... Mais, quand? Bientôt, sans doute. Il reviendrait lorsqu'il aurait écrit la lettre nécessaire, la lettre magique, la lettre qu'il avait rêvée.

Il avait traversé la place Castellane, et il longeait la rue de Rome. Avisant un caporal d'infanterie de ligne, avec un mouvement de curiosité insurmontable il s'élança vers lui :

— S'il vous plaît, un mot, caporal, dit-il, en mettant son chapeau à la main... Le général Pagliani se porte-t-il bien?

— Oui, fit le caporal. Du moins, je le présume.

— Vous n'en êtes pas certain?

— Pas plus que ça, vu que...

L'orphelin tressaillit.

— Vu que, depuis qu'il a quitté Marseille, continua le caporal, je n'en ai plus eu de nouvelles.

Jacques, cette fois, chancela.

— Oh! caporal, ne vous trompez-vous pas?... Le général Pagliani a donc quitté Marseille?

— Il y a plusieurs mois.

Pressé, le fantassin se remit en marche. Le garçonnet lui cria :

— S'il vous plaît, un mot encore!... Où est allé le général?

— Je n'en sais rien... Disparu! fit le caporal avec indifférence.

— Disparu! répéta à voix basse l'orphelin, immobile, inerte, accablé d'une affreuse torpeur.

CHAPITRE XX

OÙ LES MARSEILLAIS NE SAVENT RIEN ET LES CORSES PAS GRAND'CHOSE.

Les plus intelligents, les plus malins ne songent pas à tout ; et c'est souvent aux choses les plus simples, les plus aisées, qu'ils ne songent pas. Fort probablement, s'il s'était rendu aux bureaux de l'état-major, Jacques aurait obtenu sans trop de peine les renseignements qu'il brûlait de connaître. Mais pas une seule fois l'idée ne lui vint d'aller s'informer à cet endroit-là. Il s'enquit, pendant des semaines, il multiplia des recherches partout, hormis où il fallait.

Recru d'angoisse et de fatigue, il s'était, vers le milieu du jour de son arrivée à Marseille, assuré d'un gîte et d'une table. Il avait choisi, sur le quai de la Fraternité, en face du vieux port, une hôtellerie d'humble apparence où, moyennant six francs cinquante, on lui concédait un lit raviné dans une chambre moisie, un repas frugal, entre onze heures et midi et demi, et un second repas, non moins frugal que le premier, entre six et neuf heures du soir. Il payait la journée d'avance, parce qu'il ne possédait ni malle, ni même valise, ce qui inspirait à son rapace hôtelier des méfiances insurmontables.

Six francs cinquante ! L'orphelin ne protestait pas contre ce prix trop élevé ; certes, il comprenait que le tenancier de son auberge l'exploitait laidement ; néanmoins, il restait dans cette vilaine et coûteuse demeure, mangeant peu, dormant mal. Il n'avait pas le loisir de chercher un autre gîte, car, tout son temps, il le consacrait à courir la ville, en quête du général, ou plutôt en quête de nouvelles, d'indications concernant le cher disparu.

Chaque fois qu'il rencontrait un soldat, il l'interrogeait ; chaque fois il recueillait les mêmes phrases attristantes et vagues :

« Le général a quitté Marseille, il y a quelques mois. Probablement, il a pris sa retraite. On ignore où il s'est retiré. »

Jacques se rappela, à peu près, le nom de l'ordonnance du brave Pagliani, un soldat appelé Coin ou Couin. Et à présent, dès qu'il croisait un militaire, l'orphelin lui posait deux questions. La première était :

— Savez-vous ce qu'est devenu le général Pagliani ?

Or, après réponse négative, hélas ! toujours négative, le pauvre garçon demandait :

— Ne connaîtriez-vous pas un soldat nommé Coin ou Couin ?

Quelquefois, on lui disait :

— J'en connais un qui s'appelle Aucoin.

Ou encore :

— Il y en a encore un qui s'appelle Cohen.

— Non, c'est Coin ou Couin, soupirait Jacques. Ce n'est pas Aucoin... Ce n'est pas Cohen, j'en suis sûr.

Cependant, un matin, un sergent lui apprit :

— Coin ou Couin, ce nom me revient. Coin ou Couin ? Si fait, nous avons un Coin à la compagnie. Oui, je me souviens très bien, maintenant. Un grand gaillard, ce Coin, de longues moustaches. Au reste, il a été ordonnance.

— Du général?

— C'est bien possible. Ça doit être votre Coin.

Le sergent donna l'adresse de la caserne où le soldat Coin logeait. Jacques y courut d'une seule traite, et, s'adressant au caporal de garde :

— Coin, le soldat Coin, je vous prie?

— Coin? Inconnu, fit le caporal. Tout au moins, inconnu de moi.

Mais, entrant dans le corps de garde :

— Coin, cria-t-il aux quatre ou cinq hommes qui s'étiraient sur un lit de camp. Le soldat Coin? Qui c'est qui connaît Coin?

— Moi, je le connais, dit l'un des hommes en se dressant tout à coup. C'est mon « pays »; Coin est de la classe, comme moi.

— Ne pourrais-je pas le voir un instant, caporal?

— Oui, seulement je ne vous réponds pas qu'il *soye* à la caserne maintenant.

— Si, intervint le « pays » de Coin. A cette heure, sûr qu'il est couché sur son lit. Il dort comme ça, le matin, de neuf et demi à midi. Ça le repose; il aime bien ça; il est de la classe!

Sur un ordre du caporal, l'homme accompagna Jacques jusqu'à la chambre où Coin dormait, effectivement.

Réveillé par une amicale bourrade, le soldat se mit debout. C'était le Coin si longtemps cherché, l'ex-ordonnance de Pagliani! Avec une pétulance joyeuse, l'orphelin se jeta dans ses bras. Puis, l'accolade terminée :

— Où est le général? cria Jacques.

Coin lui répondit prudemment :

— Ça vous a plu de m'embrasser; en définitive, je vous ai laissé faire ; mais, avant de me questionner, il faudrait, en définitive, me « causer » un peu du pays. Enfin, je ne vous connais pas. Où c'est-il que vous m'avez connu, si ça vous ferait rien de me le dire?

— Comment! Tu ne me reconnais pas? Tu ne te rappelles pas, Coin, m'avoir connu chez le général?

— Non, en définitive non.

— Souviens-toi; je déjeunais et dînais tous les jours à la villa du Prado... avec mon pauvre papa qui peignait des bateaux...

Coin s'exclama soudain :

— Le fils de M. Magardès, monsieur Jacques!... Eh bien, pour ça, en voilà une!... Monsieur Jacques!

Et il demanda coup sur coup :

— Comment qu'il va, le général?

L'orphelin gémit :

— Je venais ici, Coin, je te l'avoue, afin d'avoir de ses nouvelles.

— Diable! je n'en ai pas, dit Coin en se fouillant avec ingénuité, et retournant une à une ses poches, machinalement.

— Sais-tu, au moins, où il est?

— Il est... il est à la retraite.

— Mais, où?

— En définitive, tout ça, c'est des affaires que j'ignore. Le général est parti, voilà. Quand il a été pour partir, ça m'a chagriné, monsieur Jacques, tellement que j'en ai pleuré. Alors, voilà qu'en définitive, quand il a été pour partir, il m'a fait comme ça : « Coin, je pars. » Alors, je lui ai fait : « Ça n'est pas possible, mon général? » Alors, il m'a fait : « Il n'y a rien d'impossible. » Il m'a donné une montre, avec la chaîne, telles qu'elles sont là, en définitive. Alors, il m'a aussi donné cinquante francs et une pipe. Voilà toute l'affaire; et il est parti.

Jacques restait là, atterré. Il demanda :

— Soit, le général est parti. Soit, tu ne sais pas, personne ne sait où il est parti. Sais-tu, du moins, d'où il est parti?

— Il est parti de sa villa, répondit Coin.

— Bien. Et, en quittant sa villa, il était seul?

— Il était tout seul.

— Et qui donc portait ses bagages, ses grandes malles, tous ses coffres?

— Personne ne portait ça, vu qu'en définitive il avait tout vendu, la veille. Toutes ses affaires, tout ça y a passé en un seul jour, avec ses meubles, au même marchand de bric-à-brac. Au juste, le général est parti avec une valise; il l'a posée sur la plate-forme du tramway où qu'il est monté : « Bonsoir, mon général, Dieu vous conserve », que je lui ai fait. Alors, il m'a fait comme ça : « Merci, Coin. Bonne chance! » Et, en définitive, le tramway a filé; et je ne l'ai pas vu longtemps, car il y avait des choses qui me picotaient rudement les yeux. Comme ça, il n'y a pas d'erreur, je ne l'ai plus revu depuis ça.

— Et ce départ remonte à quelle époque?

— Au mois de novembre, en définitive; au 16 novembre, à dix, onze heures du matin, pas plus.

— Le général était-il gai?

— Ça m'a semblé, monsieur Jacques.

— Et bien portant?

— Fort comme un chêne. Oh! quant à ça!...

Pensif, l'orphelin tendit la main à Coin. Il allait s'éloigner, le soldat le retint.

— Vous, monsieur Jacques, depuis quand c'est-il que vous n'avez pas eu des nouvelles?

— Depuis trente mois et plus... C'est bien simple, je n'en ai pas eu depuis mon départ.

— Trente mois et plus! Comme les mois passent, quand même! C'est vrai, comme ça, qu'en ce temps j'avais pas encore fait lourd de service. A présent, je suis de la classe, en définitive. Je retournerai bientôt au pays.

— Sois-y heureux, souhaita l'orphelin.

Mais Coin le retint encore.

— On ne pourrait jamais se figurer, monsieur Jacques, comme vous êtes transformé. Comme ça, vous vous étonniez tout à l'heure que Coin ne vous reconnaisse pas? Eh bien, voilà, moi, ce qui m'étonne, en définitive, c'est que je vous aie finalement reconnu. Vos traits ont beaucoup changé, comme de juste, quand on grandit, n'est-ce pas? Mais le plus drôle, c'est que vos gestes ont changé, votre voix surtout... Tenez, écoutez, je vais vous dire quelque chose de pas ordinaire; eh bien, voilà, je vous ai, en définitive, reconnu tout à l'heure; eh bien, à présent que je vous ai examiné davantage, que j'ai, comme ça, entendu plus longtemps le son de votre voix... monsieur Jacques, la vérité pure, c'est que je ne vous reconnais plus si bien.

— Tant mieux, prononça l'orphelin,

— Sûr que tant mieux, fit Coin, puisque vous avez énormément *forci*, en définitive, et que vous avez embelli. Quant à ça !... Comme les mois passent, quand même ! Les heures aussi, en définitive : il va être bientôt midi.

Jacques serra de nouveau la main de l'ex-ordonnance, sortit à la hâte de la caserne, se dirigea vers l'hôtellerie du quai de la Fraternité, s'assit devant une nappe souillée et mangea sans appétit des lentilles déconcertantes, entourant un bifteck qui, de son vivant, avait dû traîner des fiacres. En fait de dessert, on lui apporta sept petites fraises avec, au milieu, un gros limaçon ; il songea, candidement résigné :

— J'aurais préféré les fraises plus grosses et le limaçon plus petit.

Après ce repas sans faste, le hasard des pas le conduisit sur le seuil du luxueux établissement de la Canebière où un jour (jour déjà lointain !), comme il savourait une glace en compagnie de son cher père, tous deux avaient, par fortune, rencontré le bon Pagliani.

Ému par ces souvenirs, Jacques entra, commanda une demi-tasse ; et tandis qu'un garçon exagérément pommadé, les cheveux bouclés au petit fer, le servait :

— Dites-moi, y a-t-il longtemps que le général Pagliani a cessé de venir ici ?

— Mon Dieu, répondit le garçon frisé comme un marié de village, le général a cessé de venir ici lorsqu'il a cessé d'habiter Marseille, il y a environ cinq ou six mois.

— Et êtes-vous sûr que le général ait pris sa retraite ?

— Qu'il l'ait prise ?... C'est-à-dire qu'on la lui a imposée. Du moins, monsieur, je le crois... Si vous voulez vraiment être renseigné sur ce point, j'irai consulter M. Vinciguerra, ou M. Morelli, ou M. Barracone, ou surtout M. Ciamannacce, ou encore M. Andreani, ou bien M. Bocca dello Tinzole, pour peu que vous y teniez.

— J'y tiens extrêmement, assura Jacques. Mais, dites-moi, garçon, qu'est-ce que c'est que tous ces messieurs que vous venez de me nommer ?

— Ce sont les six messieurs que vous voyez là-bas.

— A la cinquième table en face ?

— Justement, monsieur, répondit le garçon, qui était très bavard, même pour un Marseillais... Le plus corpulent, celui qui a cette belle barbe rousse, avec cette large médaille d'or à sa cravate bleue et rouge, celui-là c'est M. Barracone. Il a M. Morelli à sa droite et M. Vinciguerra à sa gauche. M. Andreani est ce maigre aux longs cheveux noirs et au veston chocolat. Il a M. Ciamannacce à sa droite et M. Bocca dello Tinzole à sa gauche. De tous ces messieurs, je crois que c'est M Ciamannacce qui était le plus lié avec le général Pagliani. En tout cas, ils faisaient presque toujours la partie de piquet ensemble... Si vous voulez que je consulte M. Ciamannacce, je vais aller le consulter. C'est, sans exagérer, le meilleur homme de Marseille. Excellent, mais prompt, violent comme la poudre! Quand ils jouaient, le général et lui, il y avait des fois, monsieur, où les glaces tremblaient.

Jacques dit :

— Je vous remercie, garçon. Gardez-vous bien de déranger

l'excellent M. Ciamannacce. Je n'ai rien à faire, et je l'attendrai ; lorsqu'il sera prêt à sortir, j'irai l'interroger moi-même.

Et il attendit, assez patiemment.

Tout à coup, il appela :

— Garçon, s'il vous plaît, de quoi écrire.

Ensuite, à l'instar de Mme Léontine, la couturière entre deux âges, il considéra d'abord le plafond, puis, ayant baissé la tête, il trempa la plume dans l'écritoire, et, prenant dans le buvard une feuille de papier bleuâtre, il écrivit presque inconsciemment : « Monsieur le général... » Et il continua d'écrire. Quand il eut terminé cette lettre, il la relut ; son cœur palpita de joie : c'était la lettre rêvée, la lettre magique !... Hélas ! à présent qu'il avait enfin pu la rédiger, il ne savait plus où l'adresser, le pauvret ! Il pria à voix basse et avec une ferveur profonde :

— O mon Dieu, qui êtes si bon, ô mon Dieu qui m'avez fait retrouver les phrases les plus menues de la lettre merveilleuse, faites-moi retrouver aussi, faites que je retrouve vite mon bon et cher général !

Comme il achevait de prononcer tout bas ces paroles suppliantes, il aperçut M. Ciamannacce qui, debout, distribuait des poignées de main à ses cinq amis. M. Ciamannacce se dirigea vers la porte. Jacques alla au-devant de lui et s'inclina poliment :

— Voulez-vous, monsieur, m'autoriser à vous demander des nouvelles du général Pagliani ?

D'un regard fixe, enflammé, presque menaçant, M. Ciamannacce examina ce petit inconnu.

— Pas de nouvelles, dit-il d'un ton sec.

Mais, ému par la figure angoissée du pauvret, le brave homme se rassit, se tournant vers les cinq camarades dont il venait de se séparer :

— Ohé! là-bas, la Corse! cria-t-il. Est-ce que quelqu'un a des nouvelles du brigadier?

Ohé! là-bas, la Corse! Est-ce que quelqu'un a des nouvelles du brigadier?

— Aucune, répondit M. Bocca dello Tinzole.

MM. Vinciguerra, Morelli, Barracone et Andreani répétèrent en chœur le même mot qu'ils prononçaient tous plus ou moins : « Aucoune. »

— Vous entendez, mon garçon, dit M. Ciamannacce à Jacques; aucune nouvelle de Pagliani.

— Savez-vous, du moins, où il est, monsieur? murmura l'orphelin angoissé.

— Je le sais, *grosso modo*, sans le savoir. Je sais que le brigadier est en Corse.

— En êtes-vous sûr, monsieur ?

— Aussi sûr qu'un plus un égalent deux. Absolument sûr, mon garçon.

Le Corse ajouta, en roulant des yeux flamboyants, mais au fond pleins de bonté :

— Vous voyez que je ne sais pas grand'chose. Savoir que Pagliani est en Corse, c'est insuffisant; la Corse est grande, mon garçon : cent quatre-vingts, et plus, kilomètres de long, et quatre-vingt-cinq de large ! Cinq cents de pourtour !

Jacques allait interroger encore. Mais son interlocuteur se leva et s'échappa avec brusquerie :

— Je suis attendu, *vero!* Si vous avez autre chose à me dire, revenez demain. A demain !

CHAPITRE XXII

DEUX CENTS ET QUELQUES FRANCS, CE N'EST PAS LE PÉROU.

Jacques paraissait bien mis. Simple apparence! En réalité, le pauvre enfant était très pauvrement habillé de la veste, du gilet, du pantalon qu'il portait déjà la nuit qu'il s'évada, qu'il s'envola du colombier des Nonnains. Des mois et des mois s'étaient écoulés depuis cette fuite en sorte que, sachant son vêtement usé jusqu'à la corde, l'orphelin n'osait plus se baisser, n'osait plus lever les bras, de peur qu'une partie quelconque de son habillement ne vînt à éclater. De plus, il avait quelque peu grandi, sans que son pantalon daignât imiter cet exemple, au contraire; heureusement, Jacques cachait ce manque de longueur en raccourcissant davantage encore les jambes de ce pantalon insuffisant, qu'il relevait avec soin comme font les gens précautionneux qui craignent de se crotter. Autre défaut plus difficile à dissimuler : les manches s'arrêtaient à dix centimètres des poignets qu'elles s'obstinaient à ne jamais rejoindre, si bien que leur propriétaire, pour dissimuler cette brièveté indigente, avait pris l'habitude de joindre ses mains derrière son dos.

Si donc notre petit Cévenol paraissait bien mis, c'est parce qu'il portait un vêtement de deuil et que, sur le noir, l'usure apparaît moins; c'est aussi qu'il se montrait d'une propreté méticuleuse, sans jamais une tache ni un grain de poussière; c'est, enfin, qu'il avantageait ses vieux habits, les rajeunissait ou, peut-être, les faisait oublier, grâce à la blancheur immaculée de son linge, faux-col et manchettes, grâce à la correction de son nœud de cravate, grâce au brillant des chaussures, brossées par lui-même et si luisantes qu'il aurait pu les employer comme miroir pour se raser... s'il avait eu de la barbe.

Cependant, à l'idée que les yeux flamboyants de M. Ciamannacce allaient l'examiner de nouveau, Jacques se trouvait tout à coup mal mis.

— Passe encore pour mon pantalon, se disait-il. M. Ciamannacce n'ira pas s'amuser à évaluer de l'œil si les bouts que je relève mesurent exactement la distance existant du pli à mon soulier. D'ailleurs, M. Ciamannacce ne regarde pas si bas : il regarde à la tête et au buste, ce Corse; c'est pourquoi il verra ma veste élimée; et, s'il me serre la main, il constatera que cette main est fâcheusement éloignée de la manche... Impossible d'hésiter : je vais aller dans un magasin à prix fixe et y acheter une veste neuve (enfin!), quelque chose de très étoffé, de très bien doublé... et en même temps de très bon marché, car il ne reste plus grand'chose dans mon porte-monnaie. Que ferai-je quand il n'y restera plus rien du tout et qu'il me faudra cependant aller rejoindre mon gentil général, au fin fond de la Corse?

Il interrompit ses réflexions pour pousser un cri de joie :

— Ah!... Et moi qui avais oublié mon Anglais John Browning, qui veut précisément me conduire en Corse! Admirable, cette coïncidence, puisque (M. Ciamannacce l'a affirmé) mon cher ami Pagliani se trouve là-bas. Je l'entends encore : « Le « brigadier est en Corse. — En êtes-vous sûr, monsieur? — « Aussi sûr qu'un plus un égalent deux; absolument sûr, mon « garçon. » Donc, c'est dit : je vais en Corse acheter une veste, et dans un magasin de nouveautés pour retrouver le général... mais non, je m'embrouille !

Riant de sa méprise, Jacques fit l'acquisition d'un veston croisé, en cheviotte extra, bleu foncé, doublé satin de Chine, piqué cordon, façon et fourniture vraiment soignées : dix-sept francs.

Il sortait du magasin. Sur le seuil, il aperçut une pile d'articles de voyages.

— J'ai toujours eu envie, j'ai toujours eu besoin d'une valise, se dit-il.

Et il demanda au vendeur qui montait la garde en cet endroit :

— Combien?

Du geste il indiquait un sac de nuit.

— Quatre quatre-vingt-dix, monsieur ; mais je vous préviens, ce sac est en moleskine ; le même en mouton vaudrait cent fois mieux.

— Est-il au même prix?

— Oh! monsieur, vous ne voudriez pas!

— Si, je voudrais bien, mais la question n'est pas là. Quelle différence de prix y a-t-il entre les deux?

— Imperceptible. En moleskine, quatre quatre-vingt-dix ; en mouton, huit soixante-quinze.

— Sapristi! c'est presque le double!

— Le mouton est cher, mais inusable! Croyez-moi, monsieur, prenez le mouton.

— Va pour le mouton inusable!

Le garçonnet paya, et, sac de nuit inusable à la main gauche, veston de cheviotte extra sous le bras droit, il rentra à l'hôtellerie du quai de la Fraternité. A midi, il se mit à table. On lui servit un « navarin ».

— Quel mouton est-ce donc là? Jamais je n'ai mastiqué de mouton aussi coriace, aussi revêche, aussi... inusable.

Et, un instant, Jacques craignit pour son sac de nuit :

— Ce serait une mauvaise farce tout de même, si on me l'avait fait manger!

Après le dessert (plus succinct encore que celui de la veille : six minuscules fraises seulement, et pas de colimaçon du tout!), notre petit Cévenol, en beau veston bleu foncé, longea le quai, déboucha sur la Canebière. A une heure sonnante, il effectua son entrée dans le grand café somptueux; il lança un coup d'œil sur la cinquième table en face : M. Bocca dello Tinzole, seul, dégustait sa demi-tasse fumante. Bientôt après, MM. Andreani et Barracone survinrent à dix secondes d'intervalle; M. Vinciguerra se fit attendre un peu; vers une heure et demie, arrivèrent ensemble, gesticulants, turbulents, bavards, MM. Morelli et Ciamannacce. Ce dernier, en passant devant Jacques, le foudroya d'abord du regard, ensuite lui sourit et lui tendit la main avec une bienveillance fougueuse :

— *Bel tempo!* Le temps est beau... *Le strade sono buone!* Les chemins sont bons... Et vous, ça va bien depuis hier, mon garçon?

— Parfaitement, monsieur Ciamannacce. Puis-je, à mon tour, vous demander des nouvelles de votre santé?

— Des nouvelles du brigadier Pagliani, voulez-vous dire? Voyons, mon garçon, franchement, vous vous moquez pas mal de ma santé! Et vous avez raison, d'ailleurs; ma santé est à moi, *per Bacco!* Laissez-la tranquille.

Jacques n'opina pas du bonnet, parce qu'il n'avait pas de bonnet; mais il opina du feutre :

— Qu'il en soit, monsieur Ciamannacce, ainsi que vous le désirez, fit-il en souriant.

M. Morelli était allé s'asseoir entre MM. Vinciguerra et Barracone.

— Hé! là-bas, Morelli, lui cria M. Ciamannacce, raconte donc à Barracone et à Vinciguerra l'histoire de notre déjeuner. Pendant ce temps, je vais la dire à ce brave petit jeune homme.

Le brave petit jeune homme se serait bien passé de la narration, mais le moyen d'arrêter un méridional en mal de récit! Il se résigna donc, l'air aimable et même amusé, mais, au fond, agacé de tous ces bavardages qui retardaient l'heure où il pourrait recueillir quelques renseignements sur son cher général.

S'installant sur un siège, à côté du garçonnet, M. Ciamannacce se fit servir une demi-tasse, but une gorgée, clappa de la langue et dit :

— Mon garçon, si jamais la fantaisie vous prend de vous marier et d'épouser une Corse, choisissez-la d'Ajaccio, de Calvi, de Bastia, de Cervione, de Corte, de Zicavo, choisissez-la de n'importe où, sauf de Sartène. A Sartène, le gibier est exquis, le vin suave, et les nouilles que prépare César de Manetti valent l'ambroisie dégustée par les dieux d'autrefois ; mais les femmes, mon garçon, les femmes de Sartène, c'est le diable !... Vous allez en juger : ce matin, Morelli et moi étions priés à déjeuner chez un de nos compatriotes, Campitello, originaire de Calvi. Pourquoi, comment Campitello est-il allé, lui, originaire de Calvi, se marier à l'autre bout de la Corse, à Sartène ? Pourquoi, mon garçon, dites-le-moi ?

Sans mentir, Jacques répondit :

— Monsieur Ciamannacce, je n'en sais rien du tout.

— *Per Bacco !* moi non plus, mon garçon... Or, je poursuis : à onze heures et demie, heure convenue, Morelli et moi arrivons chez Campitello, et l'on se met à table... J'avalais ma quatrième huître, sans m'inquiéter de ce que pouvait bien faire ma voisine ou mon voisin, lorsque ce pauvre Morelli a la malencontreuse idée de remarquer que Mme Campitello ne mangeait pas ; et il observe aimablement : « Vous ne mangez donc « pas, madame ? » Elle réplique, d'un ton pincé : « Pas de « danger, monsieur, que je mange des saletés pareilles ! » Moi, j'ai le malheur d'ajouter : « *Vero !* madame, les huîtres ne sont « pas des saletés. — Si ! Et la preuve que c'en sont... » Là-dessus, la douce créature cueille les huîtres à poignées et les jette par la fenêtre. Le mari ne dit rien, mais Morelli et moi nous entre-regardons d'un air navré... Là-dessus, la cuisinière apporte des escalopes de veau garnies de morilles. Cette fois, Mme Campitello mange... Cependant, depuis la défénestration des huîtres, un silence glacial, plutôt gênant, pesait sur nous ; pour le rompre, le malchanceux Morelli s'écrie : « Ah ! notre « Corse, quel beau pays ! Ajaccio, quelle belle ville ! » Ainsi, il

Bonsoir, au revoir, canard!

croyait bien ne déplaire à aucun des convives, attendu que nous étions tous Corses. Eh bien, Morelli se trompait, mon garçon. Voilà, en effet, que Mme Campitello se fâche toute rouge et gazouille (oh! je vous recommande ce gazouillis!) : « Si vous « croyez que je ne sais pas pourquoi vous dites ça?... Vous « êtes un insolent! » Vite, pressentant que le plat allait prendre la même route que les huîtres, je me dépêche de reprendre des morilles. Quant au malheureux Morelli, tout déconfit, tout décontenancé, il bredouille : « En quoi, madame, ai-je bien pu « vous offenser? » Et Mme Campitello : « Si vous croyez que je « ne sais pas que vous dites qu'Ajaccio est une belle ville, « parce que je suis native de Sartène!... Vous êtes un double, « un triple insolent. » Sans perdre de temps, elle prend le bon plat de veau, et, allez!... par la fenêtre!... Et vous imaginez, sans doute, que le silence redevient glacial... Vous imaginez-vous cela, mon garçon?

Jacques certifia avec une absolue franchise :

— Véritablement, monsieur Ciamannacce, je me l'imagine fort bien.

— Alors, je continue. La cuisinière, voyant que le plat de veau est... terminé, s'empresse de servir la suite : deux merveilleux canetons rôtis et des asperges en branches. Pour le coup, Mme Campitello entre littéralement en fureur. Contre qui? Contre la cuisinière qu'elle crible d'invectives : « Impertinente! effron« tée! qui vous a appelée? Vous ai-je commandé d'apporter les « canards? » Et, crac! allez, les canetons!... par la fenêtre!... A la vérité, j'étais désolé, car j'adore le caneton. Néanmoins, désireux de faire contre mauvaise fortune bon cœur, je me mets

à rire, et, agitant amicalement la main vers la fenêtre : « *Buona sera, a rivederci, anitra !* Bonsoir, au revoir, canard ! » dis-je. Et l'infortuné Morelli, se hâtant de m'imiter : « *Addio, anitra ! Buon viaggio !* Adieu, canard ! Bon voyage ! » Puis, souhaitant apaiser Mme Campitello, et résolu à la complimenter quand même : « J'aime
« beaucoup, dit-il d'une douce voix flûtée, j'aime énormément
« ces déjeuners qui ne traînent pas en longueur. Toutes mes
« félicitations, tous mes remerciements, madame. » Alors, Mme Campitello, tordant la bouche : « Ça tombe bien, monsieur ;
« le déjeuner est fini. » Morelli se lève, prend son chapeau, sa canne, salue et sort. A mon tour, je me lève, je prends mon chapeau, j'oublie ma canne, je salue et je sors. Je rattrape Morelli au milieu de l'escalier, et nous continuons de descendre en échangeant nos impressions sur ce repas mouvementé ; mais, voici qu'avant que nous soyons arrivés en bas, Campitello nous rejoint et, pleurant presque, se confond en regrets, en excuses désolées : « Bah ! cela n'a aucune importance, lui dis-je, ta femme
« semble un peu nerveuse aujourd'hui ; elle aura eu une lubie,
« demain elle ira mieux. » Mais Campitello, avec désespoir :
« Hélas ! non, Ciamannacce ! C'est toujours comme cela... » Pendant qu'il gémit, je l'interromps : « Tiens ! je m'aperçois que j'ai
« laissé chez toi ma canne. — Je vais la chercher », me propose Campitello. Et je lui dis : « Pardi pas ! par exemple, je ne veux
« pas t'en priver. Garde-la, Campitello ; tu en as plus besoin que
« moi pour causer avec ta ménagère ! » Puis, tandis que cet heureux époux remonte l'escalier, nous sortons, nous faisons un pas, un seul, dans la rue, et Morelli s'écrie : « *Brutto tempo !* Le temps
« est devenu mauvais... Je sens des gouttes, il pleut ! » Or, pas

le moins du monde, pas du tout, il ne pleuvait pas... simplement, Mme Campitello jetait par la fenêtre le café, le rhum et le cognac. Alors je me hâtai de quitter la place, craignant, savez-vous quoi, mon garçon ?

— Non, monsieur.

— *Per Bacco*, je craignais que cet ange ne vint à me jeter aussi sur la tête sa cuisinière.

Ici, le narrateur éclata d'un rire formidable, qui fit trembler les petites cuillers dans les tasses. Là-bas, à la cinquième table en face, M. Barracone, M. Vinciguerra, MM. Andreani et Bocca dello Tinzole, que M. Morelli venait d'édifier, riaient presque aussi haut.

— Ne trouvez-vous pas l'histoire fameuse ? cria M. Ciamannacce. Qu'en dis-tu, illustre Barracone ? Qu'en dis-tu, noble Vinciguerra ?

— *Ecco*! je dis qu'il te faudrait une petite femme comme celle-là, Ciamannacce, répondit du haut de sa tête M. Barracone. Tu es impétueux, tu es braque ; elle te tasserait un peu.

Mais M. Ciamannacce s'exclama en écarquillant des yeux volcaniques tout en imprimant à son bras droit un mouvement de rotation rapide et formidable :

— La malheureuse ! O Barracone, elle ne durerait pas longtemps.

— Savoir ! s'écria M. Barracone avec un ironique hochement de tête ; hé ! hé ! savoir !

Et les quatre autres Corses répétèrent avec le même geste d'ironie :

— Savoir, Ciamannacce ! Savoir !...

Un petit silence s'établit, au grand soulagement de Jacques qui bouillait d'impatience. Voyant que personne ne prenait la parole, le garçonnet toussa, ou, tout au moins, imita le bruit de la toux :

— Homph ! hum, hum !

Après quoi, il osa implorer doucement :

— Vous aviez eu la bonté, monsieur Ciamannacce, de me promettre, de me laisser espérer... Ne me parlerez-vous pas un peu du brave général Pagliani ?

Le Corse aux prunelles fulgurantes battit des mains et répondit :

— *Vero* ! j'y arrive. J'y suis... Que voulez-vous savoir, mon garçon ? Où est le brigadier ? Il est en Corse. Dans quelle cité, dans quel hameau, dans quelle solitude de notre île ? Je l'ignore totalement.

— Je crois que vous étiez un des meilleurs amis du général. Quand l'avez-vous vu pour la dernière fois ?

— Le jour de son départ, et jusqu'à la dernière minute, jusqu'à la dernière seconde, mon garçon !

Le Corse alluma un cigare aussi noir qu'une caroube, aspira bruyamment de la fumée et dit en soufflant avec force :

— Lorsque Pagliani a été mis à la retraite...

— Et d'abord, s'il vous plaît, monsieur Ciamannacce, pourquoi a-t-il été mis à la retraite ?

— Parce que le ministre de la guerre était un *tonto* (1).

---

(1) *Tonto* est un petit mot très fréquemment employé en Corse et qui a un sens extrêmement variable. Il peut signifier: *hardi, prime-sautier, pétulant*. Mais il signifie le plus souvent : *idiot*.

— Un *tonto!...* fit Jacques, les sourcils remontés d'effarement.

— Certes, je ne m'en dédis point, un *tonto*, un triple *tonto*, qui, d'un coup de sabre... non, même pas..., d'un coup de plume, a abaissé la limite d'âge ; et, pour le brigadier, ce coup de plume a été le coup du lapin, ou plutôt du... canard. *Ecco!* ce coup de plume a, en quelque sorte, vieilli Pagliani de quatre ou cinq ans. Il comptait rester à la tête de sa brigade pendant quatre ou cinq ans encore ; peut-être même espérait-il devenir divisionnaire. Ç'a été pour lui comme pour les canards du déjeuner que nous avons fait, que nous n'avons pas fait, chez Campitello : « *Addio, buon viaggio, anitra!* »

Jacques frémit en entendant ce M. Ciamannacce assez téméraire pour comparer son gentil général à un caneton rôti ; mais sans daigner s'apercevoir de ce frémissement, le Corse frappa du poing sur la table et poursuivit, les yeux roulants :

— Bien entendu, mon garçon, j'ai été le premier avisé de la mauvaise nouvelle. Le brigadier est tombé chez moi comme un obus, et il m'a dit : « On me renvoie ; c'est bon, je m'en vais, « Ciamannacce. — Et où vas-tu, Pagliani ? — Je vais au pays, « planter de la salade. — Bonne idée ! Et quand t'en vas-tu ! — « Tout de suite. Tu vois cette *valigietta* (petite valise, sac de « nuit) ; eh bien, il y a là-dedans ma croix, deux chemises, mes « pipes, de la graine de laitue, des chaussettes, mon rasoir, « tout ce qu'il me faut. — Mais tu n'as pas fourré là-dedans tes « chevaux, Pagliani, tes meubles ? — *Bazardés*, Ciamannacce, « *bazardés* en cinq sec, en bloc, depuis hier. Qu'aurais-je fait de « cela ? Je vais planter de la salade... » Ensuite, nous avons cassé une bonne croûte, ensemble ; et, bras dessus, bras dessous, nous sommes venus ici. Le brigadier a offert du champagne. Il était très gai.

— Ou il affectait de l'être, risqua Jacques, timidement.

— Vous avez peut-être bien raison, mon garçon, concéda le Corse. Quoi qu'il en soit, il m'a tout à coup invité : « Accom-« pagne-moi jusqu'au bateau. Nous viderons une dernière « coupe... » A bord, en trinquant, je lui ai demandé : « Alors, « tu te retires au pays ? Où ? A Ajaccio même ? » Il m'a répondu que non, qu'à Ajaccio il y a trop de bruit, trop de luxe et surtout trop de ronds-de-cuir. Il a ajouté en riant : « D'ailleurs, la salade « ne doit pas y croître comme il sied. Je chercherai un grand « jardin, vers Bonifacio ou bien vers Bastia, vers Calvi ou bien « vers la Solenzara, un beau, un vaste clos, où la romaine « pousse bien. » *Per Bacco!* telles ont été ses dernières paroles. Nous nous sommes embrassés, et j'ai regagné le quai.

— Et rien ne vous fait supposer, monsieur Ciamannacce, interrogea le pauvre Jacques, la gorge serrée d'angoisse, que le général ait trouvé le jardin, le clos, qu'il cherchait, plutôt vers la Solenzara que vers Calvi, plutôt vers Bastia que vers Bonifacio ?

— Mais rien, mon garçon, rien du tout. Je vous ai dit tout ce que je sais.

Et lançant sur le petit ami d'Aimée Gordes un regard embrasé, le Corse exubérant se leva, serra la main du garçonnet et rejoignit ses cinq camarades.

Jacques sortit du café, alla flâner sur le cours Belzunce. Il avisa un vendeur de graines.

— Avez-vous de la graine de salade? Je désirerais de la graine d'espèces rares. Donnez-moi ce que vous avez de mieux.

Le grainetier lui confectionna un paquet gros comme le poing.

— Combien ?

— Huit francs, monsieur.

Les graines étaient destinées au général; aussi Jacques paya-t-il sans sourciller. Elles eussent coûté cent francs qu'il n'aurait pas sourcillé davantage.

C'est-à-dire que, toutefois... Oui, toutefois, Jacques aurait été fort embarrassé de payer les graines cent francs, car, en nombre rond, il ne possédait plus que trois louis. Il le constata, le soir même, avant de se coucher. D'abord, il pensa qu'il avait perdu de l'argent, ou qu'on lui en avait volé; mais, en établissant le compte de ses dépenses, il comprit qu'il aurait dû se montrer plus économe, et qu'après tout deux cents et quelques francs, ce n'est vraiment pas le Pérou.

CHAPITRE XXIII

LE RETOUR DE JOHN BROWNING.

Trois louis ! En toute vérité, Jacques ne possédait plus que trois louis. Deux semaines au plus s'étaient écoulées depuis la nuit de son arrivée à Marseille et le petit prodigue avait dissipé plus de cent quarante francs. Or, on était au 15 mai, et il fallait encore attendre pendant deux autres semaines le retour de John Browning.

— Soixante francs pour quinze jours, calcula le jeune dépensier, ça fait quatre francs par jour. Ne nous lamentons pas trop ; pour un garçon seul, quatre francs, c'est déjà joli, même à Marseille.

Avant tout, il fallait quitter l'hôtellerie, trop coûteuse, du quai de la Fraternité.

Pour aller où ?

Après avoir parcouru la ville en tous sens, du palais de Longchamp, ce bijou, au vieux fort Saint-Nicolas, et du port de la Joliette à Notre-Dame de la Garde, Jacques finit par dénicher, sur la plaine Saint-Michel, une chambrette coquettement meublée, éventée par un charmant platane, et il la loua pour une quinzaine, moyennant douze francs cinquante.

— Plus : deux francs cinquante d'allumettes, de bougies, d'encre et de papier à lettres, dont je me prémunis prudemment ;

total : quinze francs, compta Jacques. Il me reste trois francs par jour pour mes repas et pour mon blanchissage.

Il s'enquit d'un restaurant bon marché; on lui en indiqua un dans le voisinage, boulevard Chave. Il y trouva une clientèle composée de maçons, de charpentiers, de croque-morts et de pitres. A sa très grande surprise, les noirs employés des pompes funèbres l'amusèrent beaucoup; nul n'est plus jovial, plus folâtre qu'un porteur de morts marseillais. En revanche, il remarqua, chez tous les saltimbanques, un air plus ou moins renfrogné; il en conclut que l'homme ne peut être ni toujours gai, ni toujours triste, que celui qui badine ici pleurera là, et qu'un autre qui s'est voué à des besognes lugubres se reposera en riant. Après avoir ainsi philosophé, Jacques songea tristement à sa chère petite Aimée Gordes, laquelle disait si bien que le bon Dieu nous donne du doux pain blanc après le dur pain noir. Puis, honteux de sa faiblesse, il essuya une larme furtive.

— Si l'on me voit pleurer, se dit-il, on me prendra pour un pitre.

En somme, ces pitres, ces maçons, ces charpentiers et ces croque-morts ne se nourrissaient pas mal : deux verres de vin, un plat de viande, un plat de légumes, un copieux morceau de gruyère et des fruits; le tout pour vingt-deux sous.

Quelquefois, pendant le repas, un vieil aveugle, conduit par un caniche, entrait dans le petit restaurant et râclait d'un violon usé — c'était le cas de le dire — jusqu'à la corde. Les pitres lui adressaient des paroles méprisantes, mais les croque-morts lui apportaient, l'un un demi-verre de vin, l'autre la moitié de sa portion de fromage, ou un peu de pain, ou un fruit. Jacques, touché par la misère du pauvre diable, lui donnait deux sous.

— Deux sous! mazette! ronchonna un jour, d'un air malveillant, le plus grognon des saltimbanques. On voit bien que l'argent ne lui coûte guère à gagner, à ce petit monsieur.

Jacques lui répondit, les yeux dans les yeux :

— Je vous dirais bien, le grand monsieur, comment vous gagnez le vôtre, seulement ça vous froisserait.

Estomaqué de cette riposte inattendue, le farceur morose n'insista pas, s'apercevant, au surplus, que les croque-morts le regardaient drôlement ; ces braves gens, en bons termes avec l'orphelin, passaient pour avoir la main leste, et les pitres reçoivent déjà tant de claques sur les planches que, généralement, ils évitent de s'en attirer ailleurs.

D'autres fois, c'était une jolie Napolitaine aux grands yeux sombres qui venait chanter dans le restaurant, en s'accompagnant de la mandoline. A celle-là, Jacques, malgré sa propre indigence, donnait trois sous, non pas pour vexer les pitres, mais parce que la mignonne Italienne avait douze ou treize ans, à peu près l'âge de la chère petite Aimée...

Et ainsi, absolument confiant dans la parole de John Browning, absolument persuadé que l'excentrique et munificent Anglais descendrait, le premier juin, au *Grand Hôtel du Louvre et de la Paix*, Jacques atteignit la fin de la quinzaine d'attente. L'ex-employé du restaurant Tristenflu avait fait son compte avec une parfaite exactitude, à deux sous près ; il lui restait un décime.

De bon matin, il se leva, prit son sac de nuit, qu'à l'exemple de Pagliani il appelait sa *valigietta*, salua son hôte et partit. Par hasard, en descendant l'allée de Meilhan, il s'arrêta devant un kiosque pour regarder une gravure des *Annales politiques et littéraires*, et, tout à coup, il lut, avec un sursaut d'étonnement, cette petite ligne déplorable : *Dimanche 31 mai.*

Dimanche, cela ne l'étonnait pas, il le savait bien ; mais, le 31 mai ?... Dame, voilà qui compliquait la situation !

Comment ! le 31 ! Mai dure donc trente et un jours ? Et Jacques, qui, étourdiment, avait vécu comme si ce mois se terminait le 30 ! Que faire ? Mon Dieu, c'est bien simple : l'orphelin ne « vivrait » pas pendant ce trente et unième jour.

Il s'assit sur un banc de l'allée splendide et joyeuse ; puis il entra dans l'église neuve, assez laide, qui se trouve en face ; il sortit par une poterne qui ouvre sur la rue Thiers ; il grimpa cette rue Thiers, montueuse et fatigante, et il se retrouva sur la plaine Saint-Michel.

— Quelle folie de revenir ici ! se dit-il. Voyons, mon ami Jacques, tu sais pourtant bien que tu as rendu la clef de la chambre !

Après s'être adressé cette juste observation, il descendit, d'instinct, par le boulevard Chave et s'arrêta soudain, se grondant de nouveau :

— Voyons, mon ami, tu sais bien que, si ton estomac est vide, ton porte-monnaie l'est aussi. Dans ce cas, pourquoi prends-tu ce chemin qui mène vers le restaurant, auquel n'ont droit, aujourd'hui, que les maçons, les charpentiers, les bons croque-morts et les méchants pitres ?

Alors, il s'enfonça dans une ruelle transversale, une ruelle à l'aspect campagnard, sauvage, où coulait un ruisseau clair.

De ruelle en ruelle, il marcha assez longtemps, et, tout à coup, il déboucha sur des terrains vagues. Où se trouvait-il? Était-il perdu? Et il marcha, il marcha encore, droit devant lui. La *valigietta* commençait à lui sembler lourde; il la déposa sur le sol, s'étendit, et elle lui fut un oreiller passable pendant qu'il contemplait le ciel jaune et bleu. Quelle heure pouvait-il être? À en juger par l'inclinaison commençante du soleil, environ une heure ou deux après midi. La faim mordillait les entrailles du pauvre garçon.

Après quelques instants de repos, il reprit sa course, et, bientôt, il atteignit une large, une immense avenue qu'il reconnut vite : le Prado.

Il se dirigea vers la villa où il avait vécu de si heureuses journées, de si inoubliables semaines, et, devant la grille, les portes, les fenêtres mélancoliquement closes, des pleurs lui coulèrent des yeux. Assis sur une borne, à droite de cette maison jadis heureuse, il attendit le coucher du soleil; ensuite, très las, affamé, il s'en revint vers la ville. Il fit une nouvelle halte, à côté du palais de justice, sur le cours Pierre-Puget, où les bancs sont à foison. La nuit était complètement tombée. Il entendit sonner neuf heures. Soudain, une bête à quatre pattes lui bondit dans les jambes, qui lui arracha une exclamation de surprise et de mauvaise humeur mêlées :

— Le vilain animal!

Vilain? Hé! non, le brave chien, plutôt !... Jacques avait devant lui le caniche qui conduisait dans les auberges le vieil aveugle râcleur de violon. Or, il n'ignorait pas, le brave toutou, que ce beau garçonnet, qu'il avait reniflé, laissait toujours tomber une pièce dans la sébile, et il le fêtait, en passant — qui sait ? — il l'invitait à donner une fois encore...

Spontanément, l'orphelin se rappela qu'il lui restait deux sous, de quoi acheter un joli croissant à la croûte dorée. Un croissant de deux sous, sans doute, ce n'est pas grand'chose; cependant, quand on a faim... Le caniche attendait, la queue frétillante d'espoir; le vieux mendiant restait là, marmottant une humble prière... Bah! se dit Jacques, partageons; ce pauvre homme a peut-être plus faim que moi. Et, avec un soupir, il déposa un sou dans la sébile de l'aveugle qui souhaita :

— Que le bon Dieu vous le rende au centuple.

— Au centuple? Ça me fera cinq francs, répondit-il en souriant, joyeux de sa bonne action.

Le violoneux suivit le caniche, qui s'éloignait, pimpant, le nez en l'air ; quant à notre petit Cévenol, il entra chez un boulanger, acheta un sou de pain, le mangea, tout sec...

Neuf heures et demie ; même au mois de mai, même à Marseille, vers dix heures, la nuit devient fraîche. Si fatigué qu'il fût, Jacques se remit donc à marcher : il prit par la rue Paradis et dévala jusqu'à la Canebière, où il se heurta presque à M. Ciamannacce.

— Tiens, vous, mon garçon? Et bonsoir !

— Bonsoir, monsieur Ciamannacce. Votre santé est...

— Elle est à moi, ma santé, mon garçon ; elle ne regarde personne. Et vous, où vous promenez-vous, comme ça? *Per Bacco,* avec la *valigietta,* vous devez aller au chemin de fer?

— Justement, monsieur Ciamannacce, justement.

— Vous avez bien, avant de partir, le temps de venir prendre une demi-tasse? Sur le pouce, avec un biscuit, rien de meilleur pour la route. Un biscuit ou deux, deux biscuits ou trois, dans du café chaud. *Presto!* entrez... entrez le premier.

— Non, merci, monsieur Ciamannacce.

— Vous me refusez, mon garçon?

Et Jacques répondit d'un accent où se manifestait une tristesse infiniment sincère :

— Croyez bien que je le regrette, monsieur Ciamannacce. Croyez-le bien, mais j'ai dîné.

Il ne mentait pas, ayant effectivement dîné... d'un sou de pain. Et, fidèle (d'une manière peut-être excessive) à son serment de ne jamais rien accepter qu'il n'eût gagné, le fier petit garçon serra la main que lui tendait le Corse et repartit :

— *Addio, buon viaggio, anitra!* lui cria M. Ciamannacce en riant; ne vous laissez pas filouter la *valigietta!*

— Ne craignez rien; je tiens trop à ce qu'il y a dedans, fit Jacques en continuant sa route.

— Et, sans être curieux, interrogea le Corse à toute voix, qu'est-ce que c'est donc?

— Des graines de salade, lui cria l'enfant, déjà loin.

— *Tonto! tonto!* pouffa le Corse en s'engouffrant dans le café.

Jacques resta seul.

— J'ai dit que j'allais au chemin de fer, murmura-t-il. Autant là qu'ailleurs. Allons-y.

Il longea la Canebière, puis les allées Noailles et de Meilhan, et gravit d'un bon pas la pente abrupte de la rue de la Grande-Armée.

Les lauriers-roses, les myrtes, les seringas du jardin de la

Une quatrième lui plaçait un jambon entier sous le nez.

gare le réjouirent un instant, mais des marchandes au panier vinrent vite gâter sa joie, en lui proposant des oranges, des bananes et des dattes, du saucisson, du jambon et de petits pains au lait.

— Laissez, leur répondait-il, je n'ai besoin de rien.

Mais il le disait avec tant de mollesse, avec si peu de conviction, avec tant d'inconsciente convoitise, le pauvret, dans le battement de ses paupières et dans le retroussis de son nez, que, loin de se retirer, les marchandes devenaient plus pressantes, lui barraient même le chemin :

— Achetez-moi pour quatre sous de dattes, invitait l'une; elles sont en miel, en vrai miel !

— Vous me prendrez bien pour cinq sous de saucisson à l'ail, priait une autre. Voyez-moi un peu, mon bon, s'il est bon ! Peuchère, il sue, il pleure de l'huile !

La plus effrontée lui fourrait des oranges dans les poches :

— Gardez, mon bon, les quatre pour trois sous !

Une quatrième lui plaçait un jambon entier sous le nez :

— N'est-ce pas, quelle odeur, quel baume ! Pour dix sous, je vous en coupe, mon beau, une tranche, une tranchasse comme ça !...

Presque à jeun depuis la veille, ayant, par surcroît, marché toute la journée avec un sou de pain pour tout réconfort, le malheureux subissait un véritable supplice de Tantale. Il finit par se fâcher presque :

— Allez-vous me laisser tranquille, à la fin, commères ? Vous m'agacez plus que vous ne pensez !

Il agita son sac de nuit, baissa le front, fit un grand pas

brusque ; et il put entrer dans la gare. L'horloge de la vaste salle où l'on délivre les billets marquait onze heures et demie.

Un vieillard, deux femmes, quelques zouaves et un tirailleur algérien, s'allongeaient, çà et là, sur le bois dur des banquettes.

— Pourquoi n'imiterais-je pas ces braves gens, se dit le petit Cévenol.

Et, ayant avisé une banquette libre, il se coucha, la nuque appuyée sur la *valigietta*. Sans remuer, il suivait des yeux le mouvement des aiguilles de l'horloge ; peu à peu, il s'assoupissait, mais il ne fermait pas les paupières ; et, dans son demi-sommeil, il continuait de suivre la marche lente des heures.

Quatre heures du matin. Un frisson lui courut le long de l'échine, et, grelottant, il se mit debout et battit la semelle afin de se réchauffer. Dans la vaste salle, presque vide, seuls, les zouaves et le tirailleur restaient encore là, endormis.

— C'est égal, se dit Jacques, j'ai passé une bien fâcheuse journée et une bien fâcheuse nuit ; heureusement que la mauvaise aventure touche à sa fin : dans deux ou trois heures, je me présenterai au *Grand Hôtel du Louvre et de la Paix*, et j'y trouverai l'aimable John Browning. Probablement, nous prendrons notre repas ensemble, un repas composé d'autre chose que d'un sou de pain ; pourvu qu'il ne prenne pas fantaisie à cet original de déjeuner trop tard !

Quatre heures et demie. Jacques s'énervait. Il prit sa *valigietta* et sortit dans le jardin, abandonné depuis longtemps par les marchandes au panier. Plus de bruit. Il était permis de respirer à l'aise le parfum frais, l'odeur suave qu'exhalaient les seringas et les lauriers-roses.

Soudain, un grand brouhaha, des cris, des roulements de voitures. L'orphelin se dirigea à tout hasard vers l'endroit d'où venait ce tapage.

Des cochers, des grooms, des commissionnaires, quelques flâneurs matineux et des rôdeurs formaient une longue haie, dans l'éblouissement des lampes électriques qui luttaient avec la lumière, déjà vive, du soleil levant.

— C'est pour quel train? interrogea Jacques.

— Le rapide de Paris, lui répondit un groom doré sur tranches, qui portait sur sa casquette une inscription en lettres étincelantes, trente fois répétée sur les boutons de sa veste : *Grand Hôtel du Louvre et de la Paix*.

Jacques pensa, frémissant d'espoir :

— Après tout, il est fort possible que mon Anglais arrive par ce train.

Et il attendit là. Il n'attendit pas longtemps. Le premier voyageur qui sortit de la gare fut John Browning.

— *How so?* vous êtes très gracieux, *old fellow,* d'être venu à ma rencontre, je vous remercie beaucoup... Nous allons prendre la voiture du *Grand Hôtel*.

Puis, désignant au groom Jacques et la *valigietta* :

— *Boy*, prenez le sac de nuit de monsieur.

L'Anglais grimpa lestement, suivi de l'orphelin, qui l'entendit avec joie jeter au groom cette excellente parole :

— Dépêchez-vous, *boy*, s'il vous plaît; et dites au cocher qu'il se dépêche. *Yes*, j'ai faim, excessivement!

CHAPITRE XXIV

LE MAL DE MER.

Durant le court trajet de la gare au *Grand Hôtel du Louvre et de la Paix*, John Browning ne desserra pas les lèvres. En descendant de voiture, il commanda, en quelques mots brefs, qu'on lui servît à manger, et, d'un geste, il pria son « montreur » de prendre place en face de lui. Jacques obéit avec un plaisir sans mélange.

Le pauvre garçon, affamé, mangeait avec un véritable ravissement, éprouvant l'impression que les tranches de gigot froid et de jambon qu'il avalait descendaient jusqu'à ses genoux, jusqu'à ses mollets, jusqu'à ses orteils. A l'exemple de Browning, il observait un religieux silence. Mais, bientôt, il ne resta plus ni gigot ni jambon ; et, à peu près rassasié, l'Anglais demanda en pelant une orange :

— *Hallo !* Alors, vous voulez bien m'accompagner dans l'île de Corse ?

— Certainement, monsieur Browning ; et vous ne pouvez croire jusqu'à quel point ce voyage me rend heureux, affirma Jacques en joignant les mains de joie.

— Je puis croire, *yes*, je comprends très bien. La patrie du général, du grand général !... Je comprends.

Jacques ouvrit de grands yeux étonnés.

— Comment ! vous savez, monsieur Browning, que c'est la patrie du général ?

Et l'Anglais, un peu choqué :

— De ce que je ne sais pas regarder, il ne s'ensuit pas que je ne sache rien. Je ne suis pas un... une... *oyster*. De quel nom appelez-vous déjà en français ? Ah ! oui... Je ne suis pas une huître. Je connais parfaitement le grand général.

Jacques, émerveillé, questionna :

— Et sauriez-vous, monsieur Browning, où il réside en ce moment ?

— Je le sais d'autant mieux que je viens de le voir.

— Vous venez, monsieur Browning, de le voir ! s'écria le petit ami de Pagliani au comble de la surprise. Et où cela ?

— Aux Invalides... En revenant de Londres, j'ai passé deux jours à Paris. Je suis allé aux Invalides, afin de contempler le tombeau. J'ai commencé par la fin. A Ajaccio, avec vous, si Dieu l'autorise, je finirai par le commencement : je visiterai le berceau... Mais pourquoi prenez-vous une mine triste ?

L'orphelin poussa un soupir :

— Vous parlez de Napoléon, hélas !... J'avais cru...

Avec une réserve faite de discrétion, et sans doute d'indifférence, l'Anglais ne lui posa aucune question, n'eut même pas la tentation de lui demander de quel autre général il s'agissait...

— Et, dit Jacques, attristé de sa méprise, quand partons-nous pour la Corse ?

John Browning répondit avec résolution :

— *Please, to-day !* Aujourd'hui, s'il vous plaît.

Ensuite, il demanda à son « montreur » si les conditions

faites à Nîmes lui convenaient toujours : une livre sterling par jour et tous les frais payés.

— Certes, ces conditions me plaisent on ne peut mieux. Je continue à les trouver superbes.

— Bien, très bien ! Et souhaitez-vous que nous nous engagions, vous vis-à-vis de moi, moi vis-à-vis de vous, que nous nous liions mutuellement pour un mois, par exemple, pour deux mois ? Ou bien préférez-vous que nous restions toujours chacun libre de quitter l'autre, que nous puissions nous séparer tout de suite, sans nous prévenir à l'avance, simplement, quand l'un de nous deux en éprouvera le désir ?

— Je vous avoue, monsieur Browning, que vous allez au-devant de mes souhaits.

— *Yes*, vos souhaits sont un solide petit engagement, n'est-ce pas ? C'est juste, vous vous exilez, après tout.

Jacques dit en secouant gentiment la tête :

— Non, vous vous trompez : je ne m'exile pas, monsieur ; et je désire de tout mon cœur que nous conservions le droit de nous quitter brusquement, ce soir, avant le départ du bateau, ou à bord même du bateau, ou dès notre débarquement, ou dans huit jours, ou dans un an, à notre unique fantaisie.

Alors, l'autre, gravement, la bouche ronde, l'index levé :

— Vous parlez comme un véritable Anglais ; je suis content, enchanté, réjoui. *All right !* Il vaut mieux que chacun reste toujours libre.

Ils sortirent et s'informèrent des paquebots qui, ce jour-là, partaient pour la Corse. Il y en avait un, ni plus ni moins, tout neuf, il est vrai, le *Vincentello-d'Istria*, de la Compagnie Boucher-

Bouchore, qui se rendait à Bastia. L'Anglais y retint leurs places.

Après une promenade apéritive vers le gracieux palais de Longchamp et vers le jardin zoologique, Browning et Jacques ressentirent une sensation de vide étrange, et en tirèrent cette conclusion que le jambon, même additionné de gigot froid, est un aliment léger et inconsistant; ils se hâtèrent donc de héler une barque qui les conduisit à bord du *Vincentello-d'Istria*. Il était cinq heures et quart; le paquebot n'appareillait qu'à six heures.

— A quelle heure dîne-t-on? s'enquit Browning avec un intérêt extrêmement vif.

— A six heures, dès le départ. C'est l'habitude.

— C'est une excellente habitude, très excellente.

Jacques approuva d'un clignement d'yeux.

— Et, s'il vous plaît, demanda encore l'insulaire, il est cinq heures et un quart passé... Est-ce que nous pourrions déjà nous mettre à table.

— Oui. Mais on ne vous servira pas.

— Mais on nous servira bien à six heures?

— Oui, fort bien.

— Alors, descendons.

Les deux voyageurs descendirent et s'assirent à table, graves, en face l'un de l'autre. On entendait les vagues clapoter avec un bruit dur.

— Je ne crains pas la mer, souffla John Browning après un moment de silence; je n'ai jamais craint la mer. Cependant, j'ai comme un pressentiment que je vais la trouver à craindre, aujourd'hui. Il me semble que je respire une odeur de goudron et d'algues; et, quand on a cette impression... oh! mauvais signe!... Vous, *old fellow*, trouvez-vous ici une odeur d'algues et de goudron ?

— Non, monsieur. J'aurais plutôt dit d'un arome de fruits coupés, d'un parfum de noix et de pommes reinettes.

— Noix et pommes? Ah? Vous êtes bien heureux ! Vous ne serez pas malade... Moi, je pressens de plus en plus que je ne serai pas heureux. Alors, je tiens beaucoup, je tiens énormément à vous prévenir que si... si je ne suis pas heureux, il faudra me laisser tranquille, sans venir près de moi, me « montrer », ni me soigner, ni me plaindre, car cela me désobligerait à l'extrême... Si je ne suis pas heureux, vous ferez comme si j'étais mort, et, pour me parler, pour m'approcher, vous attendrez, je vous prie, que je vous prévienne moi-même que je suis ressuscité... Est-ce que vous me le promettez absolument?

— Absolument !

— D'ailleurs, risqua l'Anglais, sans aucune conviction, peut-être que je m'inquiète à tort..., peut-être que je serai très heureux...

Un son de cloche. Sept ou huit personnes survinrent, se placèrent devant la table. Un coup de sifflet. Une impression gênante, puis douce, d'enlèvement, de balancement. Le *Vincentello-d'Istria* avait levé l'ancre.

Le repas commençait par un potage aux tomates, que chacun avala solennellement. On alluma les lampes. Jacques remarqua, assis en face de lui, un très gros homme au corps d'hippopotame surmonté d'une tête en forme de citrouille, de citrouille qui serait violette. On servit des coquilles de turbot. A table, autour de la table, aucun bruit. Jacques regarda la citrouille ; de violette, elle devenait écarlate. On apporta des côtelettes d'agneau aux petits pois. A l'extrémité de la table, quelqu'un se leva tout à coup, zigzagua...

— Fermez les yeux ou tournez-les d'un autre côté, conseilla charitablement John Browning en se penchant vers Jacques.

En mangeant de la galantine de volaille, sans se préoccuper du roulis, assez accentué, qui choquait les verres contre les assiettes avec un tintement de mauvais augure, Jacques s'aperçut que la citrouille avait passé au rouge clair ; l'instant d'après, elle était rose. On offrit des haricots verts au beurre ; Jacques mangeait sans se lasser ; il raffolait des haricots verts. A peine eut-il le temps d'examiner la citrouille, à présent blanche, toute blanche. On fit circuler autour de la table un pudding diplomate. La citrouille, incroyablement verte, se haussa, et on l'emporta. On l'emporta sans fracas, très simplement, avec la desserte. Ensuite, les garçons proposèrent aux dîneurs des fruits, des bonbons, du fromage ; Jacques refusa le fromage ; il n'accepta que des fruits, un peu de tous, par exemple, et des bonbons, un peu de tous aussi. L'Anglais lui dit :

— Vous avez de la chance, *yes!* vous en avez beaucoup, infiniment. Vous avez mangé comme un tigre.

— Et vous, monsieur ?

— Moi ? comme un chat, comme un petit chat... Cependant, j'avais faim tantôt, très faim, extrêmement faim, et, quand on avait extrêmement faim, et que tout à coup on n'a plus faim..., oh ! mauvais signe!... Montons sur le pont. J'étouffe ici... Ah! ah! étouffer, encore un mauvais signe!

Ils gravirent l'escalier, se dirigèrent vers l'arrière, s'assirent sur des rocking-chairs. La mer s'étendait, calme, argentée, admirable, sous le ciel d'un bleu vert, étoilé, qui semblait tournoyer sur leur tête. John Browning répéta d'un ton attristé une parole qu'il avait prononcée peu avant le départ du paquebot :

— Peut-être que je m'inquiète à tort..., peut-être que je serai très heureux. Toutefois, par précaution, tenez, voilà vos vingt-cinq francs quotidiens.

Par précaution ! Le fait est que, presque aussitôt, il se dressa avec une grande promptitude.

— *By God!* bredouilla-t-il. Je suis pressé, terriblement pressé.

Or, courant, agitant, puis abaissant les bras, il s'approcha du bastingage.

Jacques tint sa promesse et ne bougea pas.

Deux ou trois minutes après, le pauvre homme, livide, pirouetta vers son « montreur » et le salua de la main :

— Ne bougez pas, adieu!

— Adieu, monsieur, répondit Jacques avec tristesse.

Et, en proie à une mélancolie indéfinissable, il ferma un instant les yeux.

Quand il les rouvrit, il crut que le paquebot tournait comme une immense toupie. Quelle pénible impression ! Puis il crut que l'immense toupie bondissait en l'air, retombait. Quelle impression déplorable! Enfin, il crut soudainement qu'il buvait une

By God! Je suis pressé, terriblement pressé.

grande vague, et que la vague ressortait. Angoissé, baigné de sueur, il entrevit comme en un cauchemar la silhouette de Browning, et, de même que Browning, il s'approcha du bastingage. Quelqu'un (il ne sut jamais qui) le prit doucement par le bras, le conduisit en bas, dans une cabine morose, où il s'allongea, s'endormit, s'éveilla, brisé, torturé. Il se croyait tout près de mourir. Il put, toutefois, s'endormir encore. Au jour, une voix paterne lui demanda :

— Prendrez-vous du chocolat, ou si, des fois, ce sera du café au lait ?

Il répondit tristement :

— Un citron.

On lui apporta un citron. Il en suça le jus, avidement, ce qui lui procura un instant de bien-être ; peu après, il réclama un autre citron.

Ensuite, il s'informa en dodelinant de la tête :

— Est-ce que cela va durer longtemps? Est-ce que nous sommes encore loin de Bastia?

Il entendit vaguement qu'on lui disait :

— A dix heures et demie on déjeune. On arrive à Bastia vers la fin du déjeuner.

Il s'efforça de s'endormir. Hélas ! vains efforts. Non seulement il connut cette odeur écœurante de goudron et d'algues dont lui parlait, la veille, le pauvre Browning ; mais, en outre, il aurait juré qu'il buvait ce goudron et qu'il mâchait des algues, et il se désolait, excédé de nausées.

Quand on vint l'avertir que la demie de dix heures sonnait et qu'on servait le déjeuner, il se leva, moins avec l'envie de manger qu'avec l'amer désir de voir lequel, de Browning ou de lui, montrerait le plus cadavérique visage.

Le pauvre Anglais n'était même pas venu à table, et si, par bonté, Jacques s'en affligea, il s'en complimenta par orgueil. Un lapin sauté au curry le tenta légèrement ; il en grignota une patte. Un filet de bœuf froid le séduisit davantage ; il en absorba une tranche honorable, accompagnée de plusieurs autres, honorables également, qu'escortaient des cornichons réconfortants. Hé, hé, le mal de mer était parti ! Plus Jacques mangeait, mieux il allait. Il eut un mouvement singulier de lèvres, pas encore sourire mais plus du tout grimace, en se posant à soi-même cette importante question :

— Après le filet de bœuf, qu'est-ce que le *waiter* va bien nous apporter ?

Ce fut une salade de concombres, son plat de prédilection. Prudemment, et quoiqu'il préférât ce mets à tout autre, il n'en prit que trois fois. A la vérité, chaque fois, il en prit copieusement, en se disant *in petto* :

— Attends, Jacques, sois sans aucune inquiétude, Jacques, je vais te servir comme si c'était pour moi.

Il s'aperçut soudain qu'il restait seul à table. Cela l'encouragea à ne pas ménager les desserts, d'ailleurs variés. Il attaqua d'abord certains gâteaux d'aspect bienveillant. Après quoi, il cueillit quelques fruits cuits dans les compotiers et quelques fruits non cuits dans les corbeilles ; il commençait de mettre à sac les drageoirs quand il ouït un bruit insolite.

— Hé, s'écria-t-il, qu'est-ce qui arrive ?

Un maître d'hôtel lui répondit avec politesse :

— C'est nous... qui arrivons. C'est nous-mêmes.
— A Bastia?
— Certainement, monsieur.

Jacques était si bien guéri qu'il regretta que le paquebot n'accostât pas un peu plus tard, dans dix minutes, par exemple, le temps d'achever gentiment, tranquillement, le déjeuner.

CHAPITRE XXV

DE BASTIA A CHANAAN.

Tempérant l'ardent soleil de midi, une brise fraîche soufflait, adorablement embaumée...

Ressuscité dès qu'il eût mis le pied sur la terre ferme, John Browning, à peine entré au *Grand Hôtel de Bastia*, commanda à déjeuner pour deux personnes.

— Non, pour une, monsieur, dit Jacques, car, moi, j'ai déjeuné à bord.

L'Anglais prononça d'un ton grave :

— Cela ne fait rien, car moi, j'ai fort peu dîné hier ; et, depuis mon dîner, je n'ai rien mangé, absolument rien... au contraire !

Et, en vérité, il mangea pour deux ; c'est pourquoi, vraisemblablement, il prit deux tasses de café. Lors, ayant exhalé un heureux soupir, il exprima à Jacques l'intention de sortir, pour visiter la ville.

Elle le déçut :

— Sommes-nous en Corse, vraiment ?

Le fait est que le « montreur » ne trouvait rien à signaler. De hautes maisons, d'un style de caserne, un hôtel de ville quelconque, d'autres hautes maisons, un palais de justice lourd, massif, comme le sont presque tous les palais de justice ; encore de hautes maisons, un théâtre anodin. Était-ce cela Bastia ? Était-ce cela la Corse ?

Oui, c'était, cette ville banale, cette ville pareille à un tout petit Gênes, à un Marseille minuscule, c'était la Corse tout de même ; et si Browning et Jacques l'avaient déjà connue, ils l'auraient reconnue à son odeur étrange, infiniment exquise, de genêt et de bruyère blanche, de myrte, de thym et de chèvrefeuille, odeur caractéristique, inoubliable et pourtant changeante ; certaines bouffées de vent sentaient vif le genévrier.

— Si des parfums pouvaient se montrer, je vous en montrerais de beaux, monsieur Browning. Des parfums... j'en suis tout confus, mais je ne *vois* pas autre chose.

— Si vous voulez, *old fellow*, nous partirons demain matin pour découvrir où ces parfums poussent... Maintenant, je crois que nous devons aller nous reposer.

Il y avait, en somme, près de trois jours que le « montreur » n'avait pas dormi ; et cette dernière parole de John Browning le jeta dans la joie. Longtemps avant l'heure où s'endorment les poules, il se glissa entre deux draps frais, véritablement embaumés, et, le sinciput sur ses mains croisées, il culbuta dans un sommeil très doux, très profond et sans songes.

Peu après l'épanouissement de l'aurore, un appel familier de Browning lui fit écarquiller les yeux :

— *Good morning !* C'est moi. J'ai en bas une calèche à deux chevaux ; et les deux chevaux et le conducteur attendent. Dépêchez-vous, je vous prie.

— Montez en voiture, je vous rejoins à l'instant, répondit Jacques. Je ne vous demande qu'une grâce : assurez-vous pour moi d'une tranche de pain bis et de quatre ou cinq tranches de saucisson solide.

— Vous trouverez, dit l'Anglais, tout ce qu'il faut sous ce rapport, tout ce qu'il faut, dans la calèche. Mais *quick!* Vite, je vous supplie! Je suis pressé, plus pressé encore qu'il y a un moment.

Le temps de mettre un pantalon, un gilet, un veston, des souliers, de s'armer d'une *valigietta*, et le « montreur » sauta en voiture, s'assit à côté de Browning. Le conducteur claqua du fouet. Au trot, les deux chevaux partirent.

Dans le ciel, d'une clarté resplendissante, le soleil semblait fumer. La route était blanche, raide et sonore. Bientôt, les chevaux prirent le pas. La route restait blanche, mais elle devenait de plus en plus montante, presque abrupte. A droite et à gauche, des vignes, des amandiers; par-ci, par-là, quelques touffes de chênes verts. Au loin, miroitait un vaste étang, azur et or, immobile.

— *Ecco!* l'étang de Biguglia, grasseya le conducteur en clignant amicalement de l'œil. *Ecco!* il est beau, il est magnifique. Mais il est malade. *E tanto vecchio* (il est si vieux!), il a la *mal'aria!*... Eh bien, la *mal'aria*, elle est favorable aux anguilles. Il se pêche, dans la Biguglia, une grande quantité de grosses, grosses, grosses anguilles, qu'on dirait de ces gros, gros, gros serpents qu'on voit dans les ménageries. Seulement, d'abord que l'étang est malade, les anguilles le sont aussi : elles ont la *mal'aria;* et jamais un Corse, un Français... *Ecco!* et vous, monsieur, d'où êtes-vous? Étranger?

— *Yes!*

— *Capisco*. Je comprends, dit le conducteur. Vous êtes *English*. Eh bien, d'abord que vous êtes Anglais, je continue... J'en étais resté au moment où, les anguilles ayant la *mal'aria*, jamais un Corse, un Français, un... Anglais, jamais un homme respectable ne voudrait manger de ces poissons-là. *Ecco !* c'est bien le motif pourquoi on les expédie à Naples, où il s'en fait une énorme consommation pendant la semaine sainte. Ils trouvent cela bon, bon, bon, les Italiens.

Ils étaient arrivés en haut de la côte. A cette altitude (541 mètres, selon le Bædecker; 900, au dire du cocher), le vent soufflait avec une violence extraordinaire. John Browning perdit son chapeau. A cause de l'ardeur intense du soleil, il pria le conducteur de relever la capote de la calèche, mais cette illusoire capote ne se relevait pas.

J'ai peut-être eu tort de laisser tous mes bagages à Bastia, songea l'Anglais en palpant son crâne sur lequel le soleil tapait dru... Alors, cocher, allez vite, jusqu'à ce que nous rencontrions un chapelier. Je suis très pressé, maintenant.

— Un chapelier ! s'exclama le Corse en gesticulant avec frénésie.

Browning, persuadé que le conducteur n'avait pas compris, se mit en devoir d'expliquer d'un ton flegmatique :

— *Yes*, un fabricant, un marchand d'ustensiles pour se coiffer, un vendeur de ce qui sert à couvrir la tête, un...

— *Io vi capisco !* Il y a longtemps que j'ai compris, interrompit le conducteur narquois. Seulement si, par cas, vous vous imaginiez que les chapeliers poussent ici, au col de Teghime (car nous sommes au col de Teghime, monsieur l'*English*), comme poussent les grosses, grosses, grosses anguilles dans les flots pourris du Biguglia, eh bien, vous...

— *Prego, fermate !* interrompit à son tour l'Anglais, en imitant, avec une fidélité à mourir de rire, le pur accent corse. Vous vous êtes fourré dans une phrase trop longue, dont vous ne sortirez jamais. Au demeurant, je vous ai engagé comme cocher, n'est-ce pas ? et non point comme orateur. *Ecco !* parlez moins, conducteur, et conduisez mieux. Et si cela vous ennuyait trop de conduire, passez-moi les rênes ; je sais. Et si cela vous contrariait de me passer les rênes, je descendrai de calèche et j'irai à pied ; je sais aussi. Vite, je suis extrêmement pressé !

Abasourdi, après s'être gratté le nez, après s'être pincé l'oreille, le conducteur ne trouva rien à répondre, et excita ses chevaux.

— *Presto ! Diritto, gamberi !* Vite ! Marchez droit, écrevisses !

La calèche s'élança sur la route qui commençait à descendre par de longs lacets radieux en vue des verdoyantes collines du Nebbio. Là-bas, la petite chaîne grise du Sant'Angelo se silhouettait nettement sur le bleu de la mer. John Browning, uniquement préoccupé de préserver sa tête des rayons aigus du soleil, se penchait de-ci de-là, relevait un pan de sa veste, se recroquevillait comme du cuir qui se replie sur lui-même sous l'action d'une chaleur trop vive. Quant à Jacques, il demeurait taciturne, attristé, en songeant qu'il avait quitté Bastia sans interroger personne au sujet de son gentil général. S'il continuait à voyager ainsi, il pourrait bien accomplir tout le tour de la Corse, sans découvrir le jardin où Pagliani semait de la salade.

Après avoir traversé la Ficajola murmurante dont les rives

les rafraîchirent d'une odeur humide de lauriers-roses, de verveines et de cistes, ils s'arrêtèrent à Saint-Florent, un bourg de rien bâti sur un délicieux promontoire au fond d'un golfe merveilleux.

L'Anglais partit à la recherche d'un chapeau. Au bout d'un quart d'heure il revint, tête nue, agitant quelque chose de long et de noir.

— Je n'ai pas trouvé de *cappellajo*, prononça-t-il avec une félicité tranquille. Mais j'ai trouvé tout de même un ustensile commode. Voici!

Et il ouvrit un parapluie.

Les voyageurs, sortant de Saint-Florent, franchirent le Fiuminale aux eaux troubles pour s'enfoncer dans d'immenses pâturages montagneux où les lentisques, les arbousiers et les romarins se mêlaient aux tamaris. La route était déserte; à peine, d'heure en heure, apercevait-on, au milieu d'un vallon perdu, une cabane mélancolique d'où s'échappaient des anneaux de fumée bleuâtre.

Un peu avant le coucher du soleil, ils atteignirent la maison de cantonniers de Baccialù. On leur offrit de la soupe de châtaignes, du lard fumé, des figues sèches, du vin pétillant et une couche patriarcale.

Le lendemain, à l'Ile-Rousse, John Browning acheta un chapeau, un vrai, grand comme un parapluie ouvert.

Enfin, en arrivant à Calvi, le petit Cévenol eut la joie d'obtenir ce renseignement :

— M. Pagliani habite près de Calenzana, à douze kilomètres environ d'ici, en un lieu appelé Chanaan.

— Chanaan! la terre promise! pensa l'orphelin, je touche au but; s'il plaît à Dieu, demain, avant midi, je verrai le général... Mais il faut que je prévienne mon excellent Anglais.

Il rejoignit John Browning qui, pour se délasser de la fatigue de la route, faisait au pas gymnastique le tour du jardin de l'hôtel.

— Monsieur, cadença Jacques en courant à côté de lui, demain nous nous séparerons, j'en suis presque sûr.

Sans s'arrêter de courir, l'Anglais interjeta :

— Presque? *shocking!*... Si jeune, et déjà Français !

— Je vous expliquerai cela tout à l'heure. Quand je trotte, mes idées fuient.

— Arrêtons-nous alors.

Ils s'assirent sur un banc de mousse. Des lucioles voletaient autour d'eux. Au firmament d'un bleu tendre, les constellations frissonnaient en bouquets d'émeraudes et de diamants. On entendait, non loin, la plainte incessante, harmonieuse, de la mer. Parfois, dans le jardin, une gousse mûre éclatait. Et c'était une odeur saine et charmante de sel, de miel, de larges fleurs et de jeunes fruits.

— Monsieur Browning, commença l'orphelin, je suis contraint de vous quitter pour aller retrouver mon plus ancien ami (et, j'espère, mon plus fidèle), qui habite Chanaan.

— Chanaan? Oh! Votre meilleur ami demeure bien loin !

Sérieux comme Moïse, Jacques énonça :

— Grâce à Dieu, tous les Chanaans ne sont pas en Palestine, et celui-ci est à 12 kilomètres.

— Donc, vous voulez aller voir votre ami?

— Oui, monsieur Browning. Vous me comprenez, n'est-ce pas? Vous m'approuvez? Mon ami le meilleur!

— Je vous comprends parfaitement. Il faut aller voir votre ami; lorsque vous l'aurez assez vu, *all right!* nous repartirons; je vous attendrai à Calvi, dans cet hôtel même. Si, véritablement, votre ami le meilleur n'est qu'à 12 kilomètres, vous serez revenu bientôt... Vous partez demain matin, de bonne heure. Je suppose que vous serez de retour demain, sur le soir, à moins que vous ne passiez la nuit à Chanaan. Mais pensez-vous que votre ami vous retienne à coucher?

— J'espère, fit l'orphelin doucement ému, que mon ami me gardera toujours auprès de lui.

L'Anglais eut un léger hochement de tête, fit claquer son pouce contre son médius, et baissant le visage, il ajouta :

— Je vois que nous allons nous quitter. N'avez-vous rien à me demander? Ne puis-je vous être utile en rien? Je serais enchanté de vous obliger.

— Oui, peut-être pourriez-vous me rendre un grand, un très grand service.

— *Very well!* Tant mieux, dites.

— Où irez-vous, je vous prie, en quittant la Corse?

— En Algérie d'abord, puis en Abyssinie.

— En Abyssinie?

— *Yes.* Je suis pressé, très pressé, de voir Ménélick.

Tous deux, ils s'entre-regardèrent. Ils pouffèrent en même temps. Quelques petits oiseaux s'envolèrent, effarés.

— Vous désirez le voir à cause de la ressemblance? suggéra Jacques, riant encore.

— A cause de cela même. Je serai à Alger dans cinq ou six semaines.

— Voudriez-vous vous charger d'envoyer de là-bas un télégramme ? Oh ! une vingtaine de mots !

— Cinquante mots, cent, mille, si ça vous plaît ; voici mon bloc-notes, rédigez.

Au crayon, sous la clarté bleuâtre du ciel étoilé, le garçonnet écrivit, d'une main tremblante, cette dépêche :

Magardès, château des Nonnains, près Anduze. Jacques va bien ; il est heureux et vous embrasse tous.

L'Anglais reprit son bloc-notes, et ils rentrèrent, silencieux. Or, malgré l'heure tardive, Jacques, retiré dans sa chambre, n'avait pas envie de dormir. Il ouvrit sa *valigietta*, en tira la lettre magique, et, pour la dixième fois peut-être, il la recopia lentement, attentivement, non pour en changer un seul mot, mais afin de rendre l'écriture méconnaissable ; il inventait certains jambages, il supprimait certaines boucles, il oubliait, exprès, de mettre les points sur les *i* ; il s'appliquait aussi à augmenter les grosses fautes d'orthographe. Quoique la lettre fût courte, tout ce travail lui prit un temps assez long. Enfin, l'épître insérée dans l'enveloppe, le petit Cévenol se campa devant une glace, se contempla non sans une vive satisfaction. Depuis sa rencontre avec M. Regnaud, depuis son entrevue avec le soldat Coin, il avait accompli de nouveaux progrès. De moins en moins, le Jacques d'aujourd'hui ressemblait au Jacques d'autrefois. Et, d'ailleurs, le petit garçon de jadis n'était-il pas, à présent, presque un jeune homme ? Il se coucha et s'endormit le cœur inondé d'espérance.

Le lendemain matin, il se mit en route, à grandes enjambées.

Le chemin, poudreux, s'exhaussait insensiblement parmi des olivettes et des champs de mûriers. A droite, à gauche, des maisonnettes blanches semblaient vaciller dans les flots blonds du soleil. Partout, des insectes bruissaient et l'on voyait des vols d'oiseaux s'éployer, se perdre dans le ciel éblouissant.

Un kilomètre avant d'arriver à Calenzana, il s'assit sur une borne, sentant son cœur battre avec violence et sa tête tourner. Quelqu'un passant, il se leva et demanda où se trouvait Chanaan.

— Voyez, là-bas, il y a un gros châtaignier, qu'en face, il y a comme un trou. Ce trou, c'est un sentier qui plonge et puis (n'ayez crainte!) qui monte. Vous enfilez ce sentier, vous plongez, vous montez, en regardant avec grand soin à votre droite, jusqu'à ce que vous lisiez inscrit dans une haute muraille : CHANAAN; c'est là.

— Merci beaucoup.

— Il n'y a pas de quoi. *Ecco !* Que ça aille de la façon que vous voulez! La vie est courte.

L'orphelin, à petits pas, se dirigea vers le gros châtaignier et s'engagea dans le sentier plongeant, ensuite montant. Les oreilles lui bourdonnaient; ses yeux clignotaient, comme hallucinés. Il eut plusieurs fois l'illusion de voir, d'entendre, des objets, des sons qui n'existaient pas. Il crut, notamment, épeler le nom : *Chanaan*, tracé dans l'air en longues lettres de soleil, et reconnaître la voix de son gentil général lui parlant avec douceur, tout près des tempes. Subitement, il cessa de marcher. Cette fois, ce n'était pas une apparence trompeuse : à côté d'une grille aux barreaux singulièrement rapprochés, CHANAAN se lisait, sculpté dans un bloc de granit rouge.

Avisant au milieu de la grille un heurtoir de fer, il frappa.

Une espèce de nain à la peau tannée vint ouvrir.

Veuillez remettre cette lettre au général.

— Veuillez remettre cette lettre au général Pagliani, lui dit Jacques; il y a une réponse, je l'attends.

— *Bene*, fit le nain en se retirant. Je vous promets de le dire. Quant au reste...

Il s'interrompit, secoua sa tête tannée et se retira, en refermant la grille. Jacques, anxieux, resta seul sur le sentier.

CHAPITRE XXVI

OU IL EST PARLÉ DE PLUSIEURS LETTRES.

Vero ! Installé depuis un mois tout au plus dans sa solitude fleurie de Chanaan, Pagliani commençait seulement à voir la salade verdoyer dans son jardin, quand, par extraordinaire, le facteur lui remit une lettre. Elle portait l'adresse ancienne : *Avenue du Prado, à Marseille;* mais l'administration des postes, intelligente ce jour-là (une fois n'est pas coutume), l'avait transmise au bureau de Calenzana.

Le général la lut, la relut avec un chagrin indicible, cette lettre venant des Nonnains ; M. Jean-Paul y racontait, plein de profonde tristesse, l'évasion de Jacques, toutes les vaines recherches qu'on avait tentées pour le retrouver. Le pauvre homme, au fond pas méchant, et que cette disparition du petit Cévenol mettait à la torture, terminait sa lettre par cette phrase pleine d'angoisse : « Mon dernier espoir est peut-être que vous ayez, vous, mon cher général, à me donner quelque nouvelle de ce malheureux enfant. »

Pagliani avait répondu, certes, aussi laconiquement que possible ! Mais, somme toute, il avait répondu :

« Ta lettre, mon pauvre Jean-Paul, m'a rejoint à Chanaan, près Calenzana (Corse), où les ronds-de-cuir du ministère de la guerre m'ont accordé licence de jardiner avant de mourir

Aucune nouvelle de Jacques. Quand tu en auras, prière de me renseigner. Je suis aussi désolé que toi.

« Pagliani. »

Depuis lors, plus rien des Nonnains, ni d'ailleurs.

Or, ce matin de juin, Pagliani, coiffé d'un panama à ruban ponceau, semait de la chicorée et de la scarole, et le nain à la peau tannée ratissait congrûment, au fur et à mesure, les plates-bandes ensemencées. Le heurtoir de la grille retentit.

— On frappe ; va voir, dit Pagliani au nain.

Celui-ci revint bientôt, disant :

— C'est un *bambino*, avec cette lettre.

— Diable ! fit le général, une lettre, Puccinello, ça n'arrive pas ici tous les jours !

Il planta son lorgnon sur son nez, et, droit dans le soleil, il lut à haute voix cette étrange missive :

« Monsieur le général,

« Je vous connai et vous ne me connaitrais pas. Je dézire vivre toujour auprêt de vous. Tout mes soings seront de vous plaire, de vous rendre heureu. Vous me donnerais les appointeman que vous voudrais, et rien si cela vous fait plézir. Je me trouverai récompancé des paines que je prendrez pour vous servir, par la joi seule de vivre en votre praizance. Si vous avais des doute au sujet des promesse d'un inconnu, mettais moi à l'épreuve. Mais ne me repousset pas, car je crois que je mourrais. Et ne m'interrogeais pas sur le passé ; ne me demandais même pas mon nom. Je serez qui vous désirerez que je soit. »

— C'est un fou, fit le général en haussant les épaules.

Tout à coup, une idée lui traversa la cervelle :

— C'est Jacques, se dit-il, qui a écrit cette lettre. Où avais-je tantôt la cervelle ? Ce ne peut être que lui !

Il défaillait presque. Pour réagir, il bougonna :

— Faut-il que ce gamin soit nigaud pour croire que, parce qu'il a grimé son écriture et bistourné son orthographe, je ne le reconnaîtrais pas ! Sans doute il s'est aussi grimé le nez et bistourné les mandibules. Je vais te le secouer !

Néanmoins, il réfléchit :

— Non, ne le secouons pas ; ce cabochard a quitté les Nonnains ; il quitterait Chanaan. Mieux vaut flatter son caprice.

Prompt, il s'approcha de la grille ; il ouvrit, il aperçut Jacques, il lui cria :

— Entre, petit !

Jacques entra, la tête baissée, son feutre dans une main, sa *valigietta* dans l'autre, fort embarrassé. Le général ne savait trop que lui dire et répéta :

— Entre, petit !

Baissant derechef la tête, Jacques s'avança jusqu'au milieu du jardin. Pagliani lui demanda :

— Alors, tu veux rester ici ? Cela te plairait ?

— C'est mon... c'est mon rêve, bégaya le garçonnet.

— Eh bien, tu resteras ici. Tu planteras de la salade. Tu mangeras de la salade. Aimes-tu ça ?

— Monsieur le général, dit Jacques, je savais que vous étiez bon.

Une larme qu'il ne put retenir coula sur sa joue : pour la

dissimuler, il tourna vivement la tête; Pagliani feignit de ne rien voir, et appela :

— Hé, Puccinello ! Montre à ce petit la chambre n° 2. Qu'il y dépose sa valise. Il vient demeurer avec nous.

Le nain et Jacques entrèrent dans l'habitation. Quand, peu après, ils reparurent, le général arrosait ses laitues de l'air le plus naturel :

— Petit, dit-il, j'ai relu ta lettre. Tu m'y parles d'appointements ; je te donnerai ce que je donne à Puccinello ; mais, moins favorisé que lui, tu seras toujours à mes ordres; tu ne me quitteras jamais ; tu mangeras même avec moi... Tu me pries de ne pas t'interroger sur ton existence passée, de ne pas te demander ton véritable nom, soit. Comment veux-tu que je t'appelle ?

— Cela m'est égal ; comme vous voudrez.

— Bien. Je t'appellerai Jacques ; c'est le nom d'un enfant que j'ai aimé de tout mon cœur...

L'orphelin faillit se trahir : il étendit à demi les bras et fit un pas brusque vers Pagliani. Mais celui-ci semblait très occupé à considérer un pied de salade.

— Eh ! eh ! midi approche ; Jacques, cueille la laitue... Pas celle-ci, malheureux ! Celle-là. Et cours la laver au bassin. Tu le vois, le bassin, là-bas ?... Ne laisse pas trop de limaces. Toi, Puccinello, va mettre le couvert, et que ça ne traîne pas !

Une omelette aux fines herbes, un poulet froid, la salade, des noix, des pommes, du miel, du fromage, le déjeuner fut excellent. Il fut joyeux. Le dîner fut aussi joyeux. Des jours heureux se succédèrent.

Le matin, dès l'aurore, on descendait au jardin. Puccinello servait du lait, du beurre, des œufs frais, à l'ombre, dans une tonnelle. On bêchait, on sarclait, on arrosait, on s'occupait de la cuisine. L'après-midi, on faisait la sieste, on s'occupait de la cuisine, on arrosait, on sarclait, on bêchait. Le soir, on jouait au jacquet : le général gagnait sans cesse, et il n'en était pas fâché. Du reste, depuis l'arrivée du petit Cévenol, tout l'enchantait dans son ciel bleu ; cependant, il y avait un point noir dans son bonheur, un remords : chaque soir, en se couchant, il s'adressait de violents reproches, furieux de n'avoir pas encore dans la journée, surmontant son horreur pour le style épistolaire, écrit à Jean-Paul Magardès afin de le rassurer sur le sort de Jacques.

— Sûrement, se promettait-il, sûrement, j'écrirai demain.

Et les jours se passaient sans qu'aucune lettre partît de Chanaan pour les Nonnains.

Un matin, on entendit retentir le lourd marteau de la grille. C'était le facteur.

— Monsieur le général Pagliani, une lettre pour vous.

— Puccinello, une bonne verrée de vin pour le piéton !

Le nain et le facteur s'écartèrent. Pagliani, la lettre à la main, furetait dans toutes ses poches, cherchait son lorgnon, ne le trouvait pas.

— Au fait, dit-il à Jacques, je n'ai de secrets pour personne. Ouvre et lis.

L'enfant prit la lettre. Tout de suite, reconnaissant l'écriture, il blêmit. L'air égaré, il lut :

« Mon cher général... »

Et il continua de parcourir la lettre. Mais aucun son ne sortait de ses lèvres; il ne lisait plus que des yeux. Soudain, il chancela et murmura d'une voix étranglée :

— Oh! mon Dieu! mon pauvre oncle Jean-Paul est bien malade! Je n'aurais pas dû rester si longtemps sans lui écrire.

Coup sur coup, il éclata en sanglots, et, tendant les bras vers Pagliani :

Je ne puis plus me cacher; j'étouffe, balbutia-t-il. Je suis Jacques Magardès, le vrai Jacques, votre Jacques!

Le général le prit, le serra contre son cœur.

— Le vrai Jacques? Si tu crois que j'ai donné dans le panneau du faux Jacques!... Innocent, *tonto*, il y a beau temps que je t'ai reconnu!

Il embrassa encore le fils de son inoublié Maurice Magardès, à pleines lèvres, à plein cœur; puis, ramassant la lettre que l'enfant avait laissée tomber à terre, il lut :

Les Nonnains.

« Mon cher général,

« Enfin, nous avons des nouvelles de notre pauvre déserteur. Elles sont à la fois aussi bonnes et aussi vagues que possible. Jacques est à Alger; il va bien et il est content. C'est, du moins, ce que nous apprend une dépêche signée John (Pourquoi John? Quel est ce John?) et qui nous a été remise la semaine dernière. Si, me conformant au désir par vous exprimé, je ne vous ai pas tout de suite prévenu de cet heureux événement, excusez-moi :

j'étais bien souffrant. Hélas! je le suis encore. Qu'ai-je au juste?
Je ne le sais pas. M. Regnaud non plus, je suppose. Qu'importe,
d'ailleurs, le nom de la maladie qui me consume! Je sens bien
que je suis « flambé ». Au surplus, ma femme aussi est patraque.
Les Nonnains sont un hôpital. Si j'étais superstitieux, je croi-

Si tu crois que j'ai donné dans le panneau du faux Jacques!

rais, comme le croit Isabeau, que le départ de Jacques nous a
porté malheur. Nous n'avions pas du tout compris la nature de
cet enfant ; je suis persuadé que, par ignorance, par négligence,
j'ai été injuste envers lui, et cette pensée me déchire. A présent, il
est loin et mes jours sont comptés. Je ne puis guère avoir l'espoir
de l'embrasser avant de partir pour le grand voyage dont on ne

revient pas. Cette idée-là, qui aggrave mon mal, c'est en vain que je veux la chasser, elle revient tout de suite... Si vous n'habitiez pas au diable, je vous demanderais la charité de venir revoir les Cévennes. Je suis si seul, si angoissé, et, en quelques mois, je suis devenu si vieux!... Vous m'avez connu presque au berceau, vous me connaîtriez presque dans la tombe.

« Bien tristement à vous.

« Jean-Paul Magardès. »

Voilà la douloureuse épître que le facteur venait d'apporter en ce beau clos de Chanaan ensoleillé, fleuri et tranquille. Lorsque, ayant enfin retrouvé son lorgnon, le général l'eut parcourue des yeux, un âpre remords l'envahit. Comme il s'en voulait, à présent, de n'avoir pas encore rassuré le pauvre Jean-Paul Magardès sur le sort de Jacques!

— Voyons, dit-il avec l'accent des grandes résolutions, mieux vaut tard que jamais; Jacques, je vais te dicter une dépêche :

« *Magardès, château des Nonnains, près Anduze. Connais pas John...* »

Le garçonnet voulut expliquer :

— John... John Browning... mon général, c'est...

— Ça m'est égal. Si tu me troubles, je n'en sortirai pas... C'est déjà assez difficile à rédiger, ces machines-là!

Après quoi, il reprit d'une voix incisive, comme s'il eût parlé à son ennemi :

« *Connais pas John. Ton neveu est ici. Écarte les idées sombres, et soigne-toi. Jacques t'écrira longuement demain.* »

— Oui, j'écrirai demain, dit Jacques.

— Ne me trouble donc pas, encore une fois... Eh bien, c'est fait, tu m'as troublé. J'avais autre chose à dicter, je ne sais plus quoi... Ah! j'y suis... je me le rappelle! Es-tu prêt?

Et, d'une voix sèche, Pagliani dicta :

« *Pagliani.* »

Ensuite, soufflant comme un homme qui vient d'achever une tâche éreintante :

— Puccinello, va porter ça au télégraphe.

Le lendemain, en réponse à la dépêche du général, une dépêche arrivait des Nonnains.

— Est-ce que mon oncle est mort? murmura Jacques.

Pagliani syllaba, avec la précision ferme d'un chirurgien qui, pour sauver un corps, coupe net une jambe :

« *Reçu votre dépêche. Jean-Paul mourant réclame Jacques. Accompagnez-le, si possible. En tout cas, qu'il parte immédiatement, par pitié. Deviens folle. — Isabeau.* »

Jacques s'était affalé sur un banc; et, comme engourdi, frappé de stupeur, la tête entre les mains, le cœur lourd de remords, il pleurait en silence. Il entendit Pagliani demander :

— Puccinello, l'*orario di piroscafi!* L'indicateur des bateaux à vapeur.

Et, bientôt après :

— Allons, es-tu dispos, mon Jacques? Nous nous embarquons ce soir à Calvi...

Il n'était pas bien loin de midi. Ils prirent le bateau un peu avant cinq heures. La mer fut douce, très favorable; ils atterrirent à la Joliette, comme le soleil se levait. Une locomotive essoufflée les charria, sans trop se hâter, à Nîmes.

Là, il fallut changer de wagon. Il n'en existait pas de première classe; et le chef de gare, un intérimaire éperdu, ne savait où en trouver; cela occasionna quelque retard. Le train, qui, selon les indicateurs, devait arriver à Alais-du-Gard avant sept heures, n'entra en gare qu'à neuf heures moins vingt.

Jacques avait à peine fait quelques pas sur le trottoir qu'une toute jeune fille, délicieusement jolie, se jeta dans ses bras. Il eut une interjection de surprise, de joie, d'admiration, mêlées.

— Aimée?

— Oui, petit ami chéri, oui, mon Jacques.

— Que fais-tu là?

— Mon Dieu, je t'attendais.

Pendant que les enfants s'embrassaient, Chaffre s'empressait autour du général.

— Mon capitaine... je trouve... je retrouve. Ah! le temps de la bécassine!... Ça n'est pas d'hier. Quel malheur que ce soient des affaires comme celle-là qui nous réunissent!

Alors, déployant toute sa force morale, Jacques murmura :

— Mon oncle?

Aimée répondit par cet euphémisme pitoyable et terrible :

— Il n'est pas mort.

CHAPITRE XXVII

LA MORT DE M. JEAN-PAUL.

Le bon Valentin Gordes, très ému, se tenait sur la terrasse, nu-tête, le front ridé, guettant le retour du break. Il serra Jacques entre ses bras, et, par deux fois, pressa la main du général. Le salon d'honneur du rez-de-chaussée était ouvert, à demi éclairé par deux ou trois flambeaux épars. D'un sopha, dans la pénombre, une femme se leva, lourde et blême ; elle s'approcha de Pagliani, et, s'inclinant, les yeux presque clos, elle balbutia :

— Le général Pagliani ? Vous avez eu pitié de nous ; merci, monsieur.

Ensuite, elle saisit Jacques par les épaules, l'attira contre sa poitrine ; et lui, pleurant, sentit des pleurs tomber sur ses cheveux. Il y eut un silence tragique ; pour le rompre, Aimée Gordes demanda :

— Dites-moi, madame Isabeau, auriez-vous reconnu Jacques ?

La femme lourde et blême répondit d'une voix brisée :

— Oui, ma mignonne. Certes, il a grandi, il a bruni. Je l'aurais pourtant reconnu entre mille ; sa bouche n'a pas changé, ni ses beaux yeux.

Elle prit l'un des flambeaux, et, d'une allure en même temps incertaine et pesante, passa dans la salle à manger.

— Que désirez-vous prendre, général ? Et toi, Jacques ?...

En ce moment, ton pauvre oncle dort... Une piqûre de morphine... Il dormira jusqu'à minuit.

— Nous n'avons pas dîné, dit Pagliani en regardant sa montre. Il est dix heures et demie ; je n'ai pas grand'faim ; mais j'ai faim. Madame, excusez ma franchise, avez-vous un bol de bouillon ?

— Bien chaud ? Le voulez-vous bien chaud ?... D'ailleurs, je vais vous envoyer ma vieille bonne. Permettez-moi de vous quitter.

Et, s'étant inclinée de nouveau devant Pagliani, Mme Isabeau serra, avec une tendresse véritable, la main de son neveu, et sortit de la salle. On l'entendit qui entrait dans la cuisine, puis qui montait l'escalier d'un pas lourd et traînant.

— Pauvre femme! fit Aimée, une larme au bord des cils.

— Oui, pauvre femme! appuya Pagliani.

Puis, fixant ses yeux clairs sur la fillette :

— Ah ça, elle a donc bien changé ?

— Elle a beaucoup changé, en effet, surtout depuis la mort de sa mère qu'elle a perdue il y a peu de temps, quelques mois après le départ de Jacques. Extrêmement superstitieuse, elle a associé cette mort et ce départ. Elle s'est jugée coupable envers notre cher petit absent, et son repentir a été plus grand que sa faute. M. Jean-Paul va s'en aller, elle ne lui survivra guère.

— Ainsi, mon oncle est perdu ? interrogea le petit Cévenol d'une voix tremblante.

Aimée se tut, se détourna.

— Oh! monsieur Jacques! Oh! monsieur Pagliani! Les uns viennent, et l'autre s'en va, peuchère!

C'était la vieille Achilesse qui arrivait, apportant enfin le bouillon.

— Il y en a du bouillant, du tiède et du froid, continuat-elle. C'est Mme Isabeau qui l'a commandé comme ça. Peuchère, Mme Isabeau ! Son mari qui va mourir !

Jacques pâlit; ses paupières palpitèrent. Aimée vit qu'il serrait les dents; elle comprit qu'il se retenait de sangloter. Doucement, elle lui prit la main, la garda entre les siennes.

Achilesse s'éloigna. Le général coupait des croûtes de pain, les trempait dans son bouillon; il mangeait sans prononcer une parole. Bientôt, il bourra une pipe, l'alluma, alla la fumer sur le seuil du salon d'honneur. Apercevant M. Gordes qui errait sous les marronniers, il l'appela, et, à voix basse :

— Quelle maladie? fit-il.

— Inconnue, dit-on. Or, moi, Gordes, je prétends que c'est un cancer.

Mme Isabeau redescendit peu après.

Mon mari est réveillé. Il sait que vous êtes là; il vous attend, mon général; il t'attend aussi, mon cher Jacques.

Jacques comprit sans tout à fait comprendre. Il marchait à côté de sa tante; et il ouvrait la bouche, respirant avec peine. Soudain il se trouva dans la chambre de M. Jean-Paul, à peine éclairée; dans un coin, il entrevit le vieux curé de Bagard, tout blanc, tout émacié, lisant ses prières; il s'arrêta une seconde; ensuite, il fit un pas vers le lit, il en fit deux, et, brusque, s'agenouilla près du chevet, disant, les mains jointes :

— Pardonne-moi, mon cher oncle.

M. Jean-Paul se dressa péniblement, s'assit sur son lit.

— Alors, c'est vrai, mon petit, que tu es là ? Ta tante me l'avait bien dit ; mais je n'osais pas le croire.

— Mon oncle, pardonne-moi, répéta Jacques.

— Te pardonner ! murmura M. Jean-Paul.

Puis, d'un accent un peu plus haut :

— Où es-tu ?

— Là, à genoux, près de ton lit.

— Viens m'embrasser, mon brave enfant.

Longtemps, longtemps, ils s'embrassèrent, mêlant leurs pleurs, silencieux.

— Mon enfant, mon brave enfant, dis-moi que tu m'aimes un peu, reprit tout bas M. Jean-Paul.

— Je t'aime de tout mon cœur.

— Maintenant, je suis tranquille, je puis mourir.

Le frère de M. Maurice retomba sur l'oreiller.

— Jacques, questionna-t-il, après une nouvelle pause, ta tante m'avait parlé du général. Où est-il ?

— Ici, déclara la voix sonore de Pagliani. J'attendais (ajouta-t-il avec une gaieté forcée), j'attendais que tu daignasses me recevoir.

— Je daigne, fit l'oncle de Jacques avec un pâle sourire.

Et, quand Pagliani l'eût embrassé :

— Mon général, vous m'avez fait rire. Hélas ! cela ne m'arrivera plus.

Encore une nouvelle pause ; il appela doucement :

— Isabeau ?

— Je suis là.

— Viens ici... Toi aussi, Jacques, mon chéri, mon brave

Le pain blanc, c'est toi, mon Aimée.

enfant, viens ici. A présent que vous êtes là tous les deux, embrassez-vous l'un et l'autre avant que je meure, comme vous m'avez embrassé. Aimez-vous comme vous m'aimez, et n'ayez plus qu'une maison, la mienne, celle que je vais quitter. Je vous la laisse à tous les deux, ou plutôt je la lègue à Jacques, à charge de veiller sur ma femme et de la chérir. Voilà mon testament. Et si le général était encore là...

Pagliani, s'efforçant de paraître calme, interrompit :

— Eh bien, il y est encore.

— Si Pagliani voulait m'écouter, si surtout il voulait me rendre un grand service, il resterait aux Nonnains, qu'il aimait.

— Nous reparlerons de ça, mon bonhomme.

— Non, hélas, mon général, nous n'en reparlerons plus.

— Nous en reparlerons demain.

— Il n'y a plus de demain pour moi. Je vais mourir dans un moment. Acceptez ou bien refusez tout de suite.

Renoncer à sa douce terre natale, le sacrifice dépassait les forces du général corse. D'autre part, il vit un regret passer dans les yeux du moribond ; une inspiration lui vint :

— Six mois ici, six mois à Chanaan, proposa-t-il. Ça te va-t-il ?

— Ça me va, merci, répondit, la figure rassérénée, l'époux de Mme Isabeau.

Il essaya de se relever ; mais il se renversa, disant :

— En somme, mon cher Pagliani, vous m'aurez vu enfant, vous m'aurez vu mourant ; vous m'aurez vu à mes bonnes heures. Le reste de ma vie (ô mon pauvre frère Maurice !), je ne fus qu'un strict paysan.

Une pause encore, la suprême ; et M. Jean-Paul murmura :

— Mon général, prenez-moi la main. Toi, mon petit Jacques, prends mon autre main, et presse-la fort, presse-la fort comme tu m'aimes ; ne pleure pas, mon brave enfant. Et toi, ma chère Isabeau, pose un baiser sur mon front. Plus fortes les poignées de main, plus fort le baiser ; que tous les trois à la fois je vous sente... Merci... Adieu... C'est fini.

Et, en effet, c'était fini.

Jacques, éperdu, sortit de la chambre. Dans le vestibule sombre, il se heurta à quelqu'un.

— C'est toi, Aimée ?

— Eh oui, toujours Aimée, mon Jacques chéri.

Leurs doigts s'unirent dans l'obscurité. L'orphelin dit :

— Mon oncle me fait riche, et c'est pourtant le pain noir de la douleur qui recommence, parce que..., parce que le pauvre homme est mort.

— Je partagerai ton pain noir, tu sais bien.

— Oui, je le sais, comme autrefois.

Il essuya ses yeux et ajouta avec un joli sourire confiant :

— A présent, je sais aussi où est le pain blanc.

Toute rose d'émoi, elle demanda d'une voix mal assurée :

— Où est-il ?

— Le pain blanc, fit-il en l'embrassant avec une tendresse infinie, le pain blanc, c'est toi, mon Aimée !

TABLE DES MATIÈRES

I.	Le premier anniversaire.	1
II.	Où le héros de ce roman faillit causer la mort d'un homme	15
III.	L'hôte de la chambre bleue	28
IV.	Jossambouriquette est guéri; mais la chambre bleue a un nouvel hôte.	44
V.	La cigale d'or et l'orage.	58
VI.	Les Nonnains ne sont plus à nous.	74
VII.	La bonne rencontre que l'on fit dans un café de la Canebière	86
VIII.	Petits secrets et grandes joies.	99
IX.	Les bains du *Pavillon d'argent*.	107
X.	La première lettre de Jacques au général Pagliani.	117
XI.	Bon génie et mauvais génie.	125
XII.	Le colombier.	139
XIII.	Pigeon vole!	150
XIV.	Arrivée à Nîmes — Le jeûne et la belle étoile.	162
XV.	Le restaurant Tristenflu	170
XVI.	M. Jean-Paul vient et Jacques s'en va.	180
XVII.	Au service de l'Angleterre.	192
XVIII.	Où Jacques, ouvrant les yeux, ne savait pas ce qu'il avait écrit pendant qu'il avait les yeux clos.	199
XIX.	Sous la toge	211
XX.	Grosse déception, gros chagrin	220
XXI.	Où les Marseillais ne savent rien et les Corses pas grand'chose.	232
XXII.	Deux cents et quelques francs, ce n'est pas le Pérou	243
XXIII.	Le retour de John Browning	258
XXIV.	Le mal de mer	270
XXV.	De Bastia à Chanaan.	282
XXVI.	Où il est parlé de plusieurs lettres.	293
XXVII.	La mort de M. Jean-Paul	303

PARIS. — TYPOGRAPHIE A. HENNUYER, RUE DARCET

www.ingramcontent.com/pod-product-compliance
Lightning Source LLC
Chambersburg PA
CBHW060408170426
43199CB00013B/2055